浅说司马相如

侯柯芳 著

四川大学出版社

责任编辑:袁　捷
责任校对:胡晓燕
封面设计:严春艳
责任印制:王　炜

图书在版编目(CIP)数据

浅说司马相如／侯柯芳著. —成都：四川大学出版社，2016.11
ISBN 978-7-5690-0091-7

Ⅰ.①浅… Ⅱ.①侯… Ⅲ.①司马相如（前179—前117）－人物研究 Ⅳ.①K825.6

中国版本图书馆 CIP 数据核字（2016）第 271041 号

书名	浅说司马相如
	qianshuo simaxiangru

著　者	侯柯芳
出　版	四川大学出版社
地　址	成都市一环路南一段24号(610065)
发　行	四川大学出版社
书　号	ISBN 978-7-5690-0091-7
印　刷	郫县犀浦印刷厂
成品尺寸	148 mm×210 mm
印　张	4.25
字　数	98 千字
版　次	2016 年 12 月第 1 版
印　次	2016 年 12 月第 1 次印刷
定　价	16.00 元

◆版权所有◆侵权必究

◆读者邮购本书,请与本社发行科联系。
电话:(028)85408408/(028)85401670/(028)85408023　邮政编码:610065
◆本社图书如有印装质量问题,请寄回出版社调换。
◆网址:http://www.scupress.net

前　言

　　司马相如是公认的汉代著名文学家、辞宗赋圣，但时至今日，其籍贯古今迷雾重重，其生平年久传略难考，其人品褒贬尺度陈腐。所以，其籍贯、生平尚需考证辩说，其人品身价尚需客观评说。为此，我在以前发表过的《司马相如爵里质疑》《司马相如其人其文》《司马相如大赋对中国文学发展的贡献及其成因》《司马相如长于成都吗》等论文基础上，对应今年凑巧读到的《司马相如研究》《司马相如考释》的一些观点进一步探索，写成这本小册子，以考证相如的籍贯和生平，评介其人兼及其文。本书意在比较系统地介绍司马相如，全书分"籍贯求真""生平撮要""风流才子""文学宗师""政治英才"五章，从籍贯、生平和是怎样的人三方面概要介绍司马相如。

　　司马相如不仅仅是辞宗赋圣。风流才子、文学宗师、政治英才三方面人格构成完整的司马相如。其风流才子一面，使司马相如成为为世人开辟由自主而自拔的人生大道的第一人；其文学宗师一面，既使司马相如成为辞宗赋圣，更使司马相如成为开创中国文学全方位本质性巨变，进而促成中国文学达到成熟的第一人；其政治英才一面，使司马相如成为开发祖国大西南的功臣，开辟国际大通道——丝绸之路的先驱和功臣。因此分三方面评介其人。

　　本书虽是人物介绍，而多学术考证；虽多学术考证，却都浅显通俗。本书力求雅俗共赏，使其成为大众化普及性的人物介绍和学术考辩。可为广大群众和专门研究者提供了解和研究司马相如、研究中国文学、研究西汉历史的参考。

　　本书篇幅不多而新意特多，每章每节都有新意，但绝不是为标新立异而假想臆说，恰恰是和近年的一些假想臆说争鸣。而争鸣是以充分的证据和理由论争，绝非主观是己非人。

　　本人才疏学浅，僻居寡闻，谬识误说在所难免，乞方家和读者不吝赐教。

侯柯芳

2015 年 9 月于营山

目 录

第一章 籍贯求真 …………………………………… （ 1 ）
  第一节 司马相如是巴郡安汉（今蓬安）县人…… （ 2 ）
  第二节 "者蜀郡成都人也"是内容虚假的窜入语
    ………………………………………………… （ 8 ）
  第三节 "以成都为籍贯"是臆造生出的新迷雾
    ………………………………………………… （ 16 ）

第二章 生平撮要 …………………………………… （ 27 ）
  第一节 生年赘语 …………………………………… （ 27 ）
  第二节 以赀为郎 …………………………………… （ 36 ）
  第三节 暴富前后 …………………………………… （ 41 ）
  第四节 以赋为郎 …………………………………… （ 46 ）

第三章 风流才子 …………………………………… （ 62 ）
  第一节 侍从本色 …………………………………… （ 62 ）
  第二节 情场风流 …………………………………… （ 66 ）
  第三节 名士风流 …………………………………… （ 72 ）

第四章 文学宗师 …………………………………… （ 79 ）
  第一节 辞宗赋圣 …………………………………… （ 79 ）
  第二节 文变之祖 …………………………………… （ 84 ）

第五章　政治英才 …………………………………（107）
　第一节　开拓性远见才能 …………………………（108）
　第二节　科学性决策才能 …………………………（117）
　第三节　权变性协调才能 …………………………（119）
　第四节　从政绩意义看政治英才 …………………（124）

第一章　籍贯求真

司马相如的籍贯，司马相如的《自叙》没写。"子长因录斯篇（《自叙》）即为列传，班氏仍旧，曾无改夺"，则《史记·司马相如列传》《汉书·司马相如传》应无籍贯语，但后代窜入了虚妄的"蜀郡成都人也"，因此人们误以为蜀郡成都是司马相如的籍贯。经明代、清代人特意指正、近十几年的多方研究、特别是蓬安县的大力宣传，基本上明确了司马相如的籍贯是巴郡安汉，用籍贯语表述，文言是"司马相如者，巴郡安汉人也"，白话是"司马相如是巴郡安汉县人"。司马相如是后来从安汉县分地设置的相如（今蓬安）县人。尽管如此，但仍然有不少人固执地认为司马相如是成都人。还有人作了似乎系统的研究，得出了司马相如"以成都为籍贯"的结论。一个人的籍贯决定这个人是哪儿人。司马相如"以成都为籍贯"，就只能说司马相如是蜀郡成都人，就不能说司马相如是巴郡安汉（相如、蓬安）人。这就否定了司马相如是安汉（相如、蓬安）人，就否定了相如（蓬安）县是司马相如故里。而且，为得到"以成都为籍贯"的结论，研究者臆造了不少假说，误作了一些论述，造成了不少似是而非的错误，没作专门研究的人很容易被其迷惑和误导，所以还需要辨析。

第一节　司马相如是巴郡安汉（今蓬安）县人

历代大量文献资料证明，从安汉县分地设置的相如县（今蓬安县）是司马相如的籍贯地。今按时代先后列述于下。

南北朝时北周《地图记》载相如县因司马相如得名。此书虽然宋代以后失传，但从宋代人的引用中可知其记载特别真实可信。

《太平寰宇记》引："其地有相如坪，相传相如别业在此。宅右西滨汉水（古称嘉陵江为西汉水），丛薄郁然。其台名相如琴台，高六尺，周四十四步。"《太平御览》引："相如县有相如坪、相如故宅，因以名县。"《舆地纪胜》引："水北有相如坪，相传云相如别业在此，又有琴台。"三书所引周《地图记》文字不仅明确了相如县因相如故宅、相如坪及坪上的相如别业、相如琴台得名，即因司马相如故乡得名；而且详细记载了相如故宅、相如别业、相如琴台的情状：集中在嘉陵江及其支流的交汇处，故宅在嘉陵江东岸、支流南岸，相如坪在支流北岸，相如别业和相如琴台在相如坪，与故宅相隔一水。别业如现在的别墅，是闲暇时休憩住所；琴台是休闲时娱乐处，所以琴台与别业在一处，是非常合情合理的事。琴台的高度和周长也记载详明。北朝周起止于公元557年至581年，其官修《地图记》距设置相如县只有六十年左右，离相如去世也只有六百多年，才可能记载得这么详明。这是特别真实、弥足珍贵、尤可征信的。

初唐相如县县令陈子良《祭司马相如文》："维大唐贞观元年（627），岁次丁亥，五月壬子朔，十六日丁卯，相如县令陈子良谨遣主簿谯悦赍桂醑之奠,敬祭故文园令司马公之灵……"这时离相如去世只有七百余年,县令祭县内先贤,不会凭空妄为。

初唐《隋书·地理志·巴西郡》:"相如,梁置梓潼郡,后魏(《舆地纪胜》卷一百五十六引作'西魏')郡废。"

中唐《元和郡县志·纪胜·果州》:"相如故宅在县(迁治后的县城)南二十五里,居滨嘉陵水,有台名相如琴台(在水北相如坪),水北有相如坪。"

五代《旧唐书·地理志四·剑南道》:"相如,汉安汉县地,梁置梓潼郡,周(当作'魏')省郡立(当作'存')相如县。以县城(迁治后的)南二十里有相如故宅二(当指水南的故宅和水北相如坪的别业),相如坪有琴台。"

北宋《太平寰宇记》卷八六:"相如县,(果州)东北八十五里,元(原)十乡,亦巴西安汉县地,梁天监六年(507)置相如县,兼立梓潼郡于此,至后周(当作'魏')郡废县存。即汉司马相如所居之地,因以名县,其宅今(始设县当时)为县治(这里上下句分别指迁治前后情况。《蓬安县志·建置》:'武周神功元年(697),相如县徙治陵江镇。'陵江镇即今蓬安县锦屏镇。《正德蓬州志》应有记载,笔者未见到相关部分)。司马相如故宅在县(迁治后的县城)南二十里。周《地图记》:其地有相如坪,相传相如别业在此。宅右西滨汉水(嘉陵江古称西汉水),丛薄郁然。其台名相如琴台,高六尺,周四十四步。"

南宋《舆地纪胜》卷一百五十六:"相如县……以县(迁治后的县城)南二十里有司马相如故宅,因名。""相如故宅在县南二十里,周《地图记》:水北有相如坪,相传云相如别业在此，又有琴台。""人物……司马相如……县有光圣寺，旧传为司马相如故宅，有石记，父老知其为唐陈子昂之文。"《四川通志》卷五八云：蓬州《相如故宅石记》《碑目考》：在光圣寺，唐陈子昂文，剥落难读。"当是县治一迁走就将原作县治的相如故宅改为寺庙了。陈子昂，射洪县人，居安汉、成都中间；被害于702年，离相如县迁治（697）仅虚岁六年，他为相如故宅所作碑记，尤足征信。

南宋《方舆胜览》卷六二："顺庆府：南充、西充、相如、流溪。沿革：即汉巴郡安汉县地……人物……司马相如：在相如县（迁治后的县城）南三十五里，宅滨嘉陵江，有琴台，又水北有相如坪。"琴台在水北，此云在故宅处，误。

元《宋史·地理五》："相如，望。以南（迁治后的县城南）有司马相如故宅而名。"

明《元史·地理三》："至元二十年（1283）立蓬州路总管府，后复为蓬州。领县三：相如、营山、仪陇。"

明《正德蓬州志》卷三："州治……元至元戊寅（1278）始……徙相如县司马相如祠堂之左，今治是也。"又，卷四载《景贤（名宦、乡贤）堂记》列司马相如为蓬州乡贤之首。

明《蜀中广记》："梁天监中置相如县，长卿桑梓也。"

清《明史·地理四》蓬州："元属顺庆路，洪武中以州治相如县省入……领县二：营山、仪陇。"

清《四川通志》卷三："蓬州，汉安汉县地，梁置相如县，兼置梓潼郡。西魏郡废。隋属巴西郡。唐武德四年（621）分属果州。宋因之，宝祐六年（1258）改属蓬州（因蓬山得名——原注）元至元十五年（1278）移蓬州来治，二十年立蓬州路，后复为蓬州，属顺庆府。明洪武初以州治相如县省入，属顺庆府。皇朝因之。"又，卷五二："（相如）县令韩振记：世传琴台镇乃长卿相如故宅。"即琴台镇是司马相如故宅所在地。

清王培荀《听雨楼随笔》："人皆以相如为成都人，实今之蓬州人。"

民国《蓬安县志稿·蓬州竹枝词》："地较蓬池胜景多，背连五马面江波。鲁公旧治相如里，节义文章两不磨。"鲁公即唐代临沂人颜真卿，曾为蓬州别驾，蓬州州治原在今营山县安固，曾迁治蓬池。营山县曾有颜鲁公祠。旧治、故里，所言分明。

现代海峡两岸出版的《中国地名大辞典》《中国历史大辞典》等多种工具书也都说相如县因司马相如而名县。不赘述。

综上研判，从南朝梁天监六年（507）设置到明代洪武年间（1368—1398）省撤，存在了八百六十多年的相如县，是从汉代巴郡安汉县分地设置的，最初就用司马相如故宅作为治所，以司马相如故宅所在地为琴台镇（根据上述文献资料所载，镇在迁治后的县城南方三十里左右的嘉陵江及其支流的交汇处，当在今蓬安县利溪镇境内上述地貌处），直到唐代武则天时期的神功元年（697）才迁县治到陵江镇（今蓬安县锦屏镇），相如县治在司马相如故宅存在了一百九十周年。元至元戊寅年（1278），蓬州州治（始治今营山县安固，因营山县太蓬山得名，州治几经迁徙）才迁到陵江镇，与相如县治处同一城镇。明代洪武年间相如县才省入蓬州。

蓬州这时还领营山、仪陇，后来就变成了县名，如今之阆中市，名为"市"实县级；这县名直到民国初（1913年）才改为蓬安。不仅从南北朝以来历代都有文字记载相如县是因有司马相如故宅、相如别业、相如琴台、相如坪等遗迹命名的，即因司马相如故居地命名的；而且，《蜀中广记》《蓬州竹枝词》都直接说相如县是司马相如"桑梓""故里"，从初唐《祭司马相如文》到南宋《舆地纪胜》《方舆览胜》，到明代《景贤堂记》，再到清代《听雨楼随笔》，都确切认定司马相如是相如县人。这么多历代不间断地记载，绝不是一句"蜀郡成都人也"可以同日而语的；即使什么也不说，单是相如县名就是司马相如人名这一点，就绝不是一句"蜀郡成都人也"可以同日而语的。从相如县命名者到现代海峡两岸编辞典的学者，都没有因"蜀郡成都人也"否定相如县是司马相如故居地。显而易见，司马相如是相如县人，这是无可辩驳的。相如县是从巴郡安汉县分出来的，所以说司马相如是巴郡安汉县人。相如县省入蓬州，蓬州改为蓬安，所以说司马相如是今蓬安县人。因此，说司马相如是巴郡安汉县、今蓬安县人，就是无可辩驳的。

司马相如是相如县人，还有一个重要物证，就是司马相如祠堂。《三国志》卷三十八载秦宓与王商书曰："仆亦善长卿之化，宜立祠堂，速定其名。"不知此时实立祠否。唐初，相如县令陈子良作文祭司马相如。由此可知，唐时应已有司马相如祠堂。三国时立或唐初立的祠堂应在当时的相如县治琴台镇（相如故居地），因为公元697年相如县治才从相如故宅迁到陵江镇。但此地的相如祠堂今已难考。陈子良作文祭相如七十年后，相如县治迁到陵江镇。后来陵江镇（今蓬

安锦屏镇)也有司马相如祠堂。证据如下:

王俦《司马长卿祠堂记》:"……司户参军邓侯良摄县事。邓侯慨然语俦等曰:'……今祠虽在,不治且废。吾幸为令,此令之职也,其可已乎?'……仍故基,颇更其制,得旧本长卿像图之壁。即成落之,且嘱俦作记……绍兴二十三年(1153)十一月初六日,县尉平阳王俦记。"(《正德蓬州志》卷七"祠庙")绍兴年间县令邓良决定改建、县尉王俦作记的祠堂,就是迁治后相如县城里的司马相如祠堂。《正德蓬州志》卷三:"(蓬)州治……元至元戊寅始……徙相如县司马相如祠堂之左";卷七:"司马长卿祠在州治西十步许,元延祐四年(1317)驿丞苗成重建";《蜀中名胜记》:"今州有相如祠……元时祠圮,延祐四年驿丞苗成者重建";康熙时编《顺庆府志》所载明代四川学政卢雍《谒长卿祠》诗;冯梦龙《情史类略·卓文君》"今之蓬州,唐谓之相如县,迄今有相如祠";这些都是迁治后的相如县城有司马相如祠堂的确凿证据。这里的祠堂或许唐代已建,最迟北宋一定有,因为南宋初年已因"不治且废"而改建。到明代晚期还存在,因为福建侯官人曹学佺是万历乙未(1595)进士,在陕西、四川做过官。他作《蜀中名胜记》时还说"今州有相如祠"。

与司马相如一生最富豪最显贵的时期紧密关联的成都、相如一生行迹所至的所有地方,都没有司马相如祠,唯独相如县城有司马相如祠,时至晚明还存在,这也无可辩驳地确定相如县是司马相如的故乡,即司马相如毫无疑义是巴郡安汉县、后来的相如县、现在的蓬安县人。

第二节 "者蜀郡成都人也" 是内容虚假的窜入语

《史记·司马相如列传》和《汉书·司马相如传》，后者沿袭前者。为省文字，后文以前者代后者论说。

从传文本身考察，可知"者蜀郡成都人也"是窜入语。

一是文首的"者蜀郡成都人也"与后文的"买田宅"相左。如果司马相如是成都人，不论原居成都，还是幼年迁居成都，相如就在成都有田地（在那时的农耕社会里，能"以资为郎"的人家田地是必不可少的）有住房。如果相如家在成都，那么，梁王死"相如归"和在临邛"相如乃与驰归"都应归成都的家。一次归家，虽"家贫"，不至于卖住房，从"相如之临邛，从车骑，雍容闲雅甚都"就明瞭；二次归家，虽"家居徒四壁立"，总还有家（住房）在，再到临邛时还有车骑可卖作开酒店的资本。所以，如果司马相如是成都人或自幼迁居成都，至少在成都还有住房在。那么暴富后在成都买田地买房屋只能说添置，从出土的张家山汉简可知当时说"益买"。益买田地房屋，不能说成现买田宅。须知此传出自"西汉文章两司马"之手（详见后文），绝不可能语言没有准确性，绝不可能自相矛盾地既说有家在成都，又说在成都买田宅而居。实际上是以前的家在安汉，不在成都，暴富后才在成都买田宅而居，所以这样说。这"买田宅"与"者蜀郡成都人也"相左，是因为"者蜀郡成都人也"是后来窜入的。正因为以前家在安汉，但相如没写，司马迁不知，所以前两次写到归家，都没有提到安汉；但也没有说归成都。后来在成都买田宅而居才提到成都,也只是记此一事,不是写其落籍地。这正体现出司马迁的实录精神,也可以由此看出相如此前不是成都人。这里的"文君乃与相如归成都买田宅为富人"(古书不用标点符号),很可能是"文君乃与相如归,于成都买田宅为富人"。这样,"文君乃与相如归"和前文"相如乃与驰归"形成照应对比,一急促一舒缓,一紧迫一轻松,意味深,情趣丰,不愧为文学大家的语言。今本语句失去这样的语言效果。或因传抄中脱"于"字,更可能因为窜入了"者蜀郡成都人也"而删去"于"字,才断成了现在文本的句子。

二是文中确有窜入语。扬雄在司马迁死后几十年才出生,传中却有"扬雄以为"到篇末的三十多字,显然是窜入语,不过这窜入语内容还真实。传中"文君夜亡奔相如,相如乃与驰归"后,有的版本有"成都"二字,这是与"者蜀郡成都人也"互相呼应的窜入语,内容都不真实。传记有籍贯语是常态,无籍贯语是非常态,所以"者蜀郡成都人也"一经窜入就各版本都采用了。"相如乃与驰归"后有没有"成都"无关紧要。所以这里的窜入语"成都"并没被各版本采用。这才让我们现在明确它是窜入语,并由此更明确呼出它的"者蜀郡成都人也"也是窜入语。

从司马迁的实录精神和《史记》的传记体例考察,可知"者蜀郡成都人也"是窜入语。

司马迁作《史记》严守实录精神,这是人们公认的,就不赘述了。因此,《史记》中人物传记的籍贯就并不拘泥一格,而是根据作者了解的不同情况,有的详有的略有的无。刘邦、陈平、详细写明县写明乡甚至写明里(村);陆贾

"楚人也"，邹阳"齐人也"，邴吉（丞相）"鲁国人也"，大多数人的籍贯都如此简略；傅宽、靳歙都是封侯的人，却都没有写籍贯，更不举其他人了。司马相如的籍贯空缺就不足为奇了。另一方面，居住地变迁者，知之必写出，并不是有人说的"只记最终落籍地"：周文，"其先故任城人也"；窦婴，"父世观津人"；韩安国，"梁成安人也，后徙睢阳"；冯唐，"其大父赵人也。父徙代，汉兴，徙安陵"。综上研判，如果司马迁知道相如生于安汉长于成都，也会写："司马相如者，巴郡安汉人也，幼徙成都"，不会只记相如到成都买田宅居住的事（传中此句只是记事不是写落籍地）。这也证明传中并没有写相如籍贯的语句。这正体现出司马迁写《史记》的实录精神。

从传文来源考察，可知"者蜀郡成都人也"是窜入语。

唐人刘知几《史通·杂说上》云："马卿（司马相如）为《自叙》传，具在其集中，子长（司马迁）因录斯篇即为列传，班氏仍旧，曾无改夺（或作'寻'）。固（班固）于马（司马）、扬传末皆云迁、雄自叙如此，至于相如篇下独无此言，盖止凭太史公之书，未见文园之集耳。"《史通·序传》云："降及司马相如，始以《自叙》为传，然其所叙者，但记自少及长立身行事而已，逮于祖先所出则蔑而无闻。"祖先：祖辈从哪里来或世代居住哪里，如《史记·太史公自序》的"去周适晋，分散……或在秦"，这是祖籍；祖先世代相承的系统，如《太史公自序》的"（司马）错孙靳……靳孙昌……昌生无泽……无泽生喜……喜生谈"，这是世系。所出：自己的父亲，如《太史公自序》的"（司马）谈为太史公……太史公……有子曰迁"，这是世系延续到自己；自己的出生地,如《太史公自序》的"迁生龙门",这是自己的籍贯。这样看来,上引《史通》之文明确了两点:第一,《史记·司马相如列传》《汉书·司马相如传》都是录司马相如《自叙》(自传)作为史传的。第二,司马相如《自叙》(自传)就只写了他自己"自少及长"的"立身行事",与"祖先所出"相关的祖籍、世系、籍贯一点儿都没有言及。显而易见,既然是复制只字未及世系、籍贯的《自叙》(自传)为史传,那么《史记》《汉书》的《司马相如传》中没有写相如的籍贯就是理所当然的事实了。

综上可以明确,"者蜀郡成都人也"是后人妄加的内容虚假的窜入语。现在见到的传中籍贯语不是作者弄错了相如的籍贯,而是原来没有的。

大致何时窜入"者蜀郡成都人也"?

梁朝设置新县且以人名县,是朝廷的重大事件,梁朝君臣不可能不了解《史记》《汉书》,而他们用司马相如人名命名新县,就是明确司马相如是原安汉新相如县人,可见当时还没有窜入语。

从唐人诗文看,唐代也还没有窜入语。上引刘知几《史通》的话透露出一个极其重要的信息:唐人不辩说司马相如是不是成都人,而疑惑《史记》《汉书》的《司马相如传》为什么没写相如的籍贯。刘知几说,因为司马迁是录相如《自叙》为列传,班固是仍太史公之旧;而相如《自叙》原本就只说到他自己的立身行事,只字没说他的世系、籍贯等。这不恰好是解释唐人对史传为什么没写相如的籍贯的疑惑吗?初唐相如县令陈子良著《祭司马相如文》祭祀乡贤;晚唐著名诗人李商隐作《梓潼望长卿山,至巴西复怀谯秀》

（依《全唐诗》）："梓潼不见马相如，更欲南行问酒垆。行到巴西觅谯秀，巴西惟是有荒芜。"明显是他由嘉陵江入川途中，到了梓潼郡（梁置相如县时"兼立梓潼郡于此"，今蓬安县境内）就于舟中眺望长卿山（用相如字名山）；继续行进到相如县下游的巴西郡（今南充）又怀念谯周之孙谯秀，惜这些人已作古无处寻访。这些证据证明：在唐人心目中非常明确司马相如是当时相如县人。如果唐人看到的《史记》《汉书》的《司马相如传》写着是成都人，会不对此进行一番考辩？至今不但没见到唐人分辨的文字；而且，如果唐人分辨，那么刘知几谈及相如的《自叙》和史传时当然不可能回避。可是刘知几恰恰不说司马相如是否为成都人，却说史传没有写相如籍贯的原因——史传录《自叙》而成，《自叙》就没写世系、籍贯等。唐人不分辨相如是不是成都人，只能说唐人还没有看到《史记》《汉书》的《司马相如传》中"者蜀郡成都人也"的窜入语。由此可知，唐代《史记》《汉书》的《司马相如传》中还没有后人妄加的"者蜀郡成都人也"。唐人对相如是相如县人明确无疑，史传也没写是成都人，当然就不可能分辨相如是哪里人了，就只觉得这么明确的籍贯，史传为什么没写呢？

把上述唐人的诗文和明清人的相应诗文比较一下，就更明瞭。明代曹学佺《蜀中广记》云："梁天监中置相如县，长卿桑梓也"；明代四川学政卢雍《谒长卿祠》诗云："当时名县岂虚夸"；清代王培荀《听雨楼随笔》云："人皆以相如为成都人，实今之蓬州人。"显而易见，明清人与唐代人谈及司马相如时出言意向就明显不同：唐人意在明确无疑的籍贯为什么史传没写，明清人意在分辨相如是成都人还是相如

(蓬州)人。出言意向如此迥然不同的原因就是：明清人眼前的《史记》《汉书》的《司马相如传》中都有后人妄加的"成都人"，唐代人眼前还没有这窜入语。所以明清人谈及相如就必然分辨是何处人，而唐人还没有分辨的对象呢！所以唐人只疑惑在他们心目中明确无疑的籍贯为什么史传没写呢？

唐人李善注《文选·两都赋》中的"司马相如"是："《汉书》曰'司马相如字长卿'。"是不是李善求简略省去了"蜀郡成都人也"？而他注同篇中的"萧曹魏邴"是："《汉书》曰'萧何，沛人……'，又曰'曹参，沛人也……'，又曰'魏相，字弱翁，济阴人也……'，又曰'邴吉，字少卿，鲁国人也……'"，全都引有籍贯语。可见是引录原文。那么，李善注《文选·两都赋》时《汉书·司马相如传》还没有"蜀郡成都人也"的窜入语。这也可证《史记·司马相如列传》原无"者蜀郡成都人也"的窜入语，因为前者沿自后者。

南宋朱囗《琴台》诗云："往事书难信，遗名县独存"(《正德蓬州志》卷六)，似乎这时史传中已有窜入语了，所以说"书难信"。南宋的《舆地纪胜》和《方舆胜览》都把司马相如列为相如县"人物"，不知是看到"者蜀郡成都人也"的窜入语而特地标出的呢，还是没看到这窜入语？宋人李彭《读西京杂记十三首次渊明读山海经韵》之七谓相如"涤器扬巴音"，也不认为相如是蜀人，而认为是巴人。宋代可能已有"者蜀郡成都人也"的窜入语了，但还没有遍及《史记》《汉书》所有版本，没有波及别的文献。

"者蜀郡成都人也"的窜入语，可能在宋代，最迟在明代就已经存在了。

为什么会窜入"者蜀郡成都人也"？

首先是人们不知道司马相如是巴郡安汉人。设置相如县时还用相如故宅作县治，证明那里此前纯是村野。从"更名相如"就可知司马相如是个很自负的人。他在《自叙》中不肯写明僻陋的籍贯地和平凡的世系，当然是情理中事。司马迁录《自叙》以为列传，当然也不是一字一句都不能增删，但是司马迁不知道他的出生地，只知道他在成都买田宅居住，成都就不是出生地（籍贯），就无法补写他的籍贯，于是《史记·司马相如列传》中籍贯空缺着。传记无籍贯，就给后人留下妄加的机会。

二是因为"蜀"有广义、狭义之分，司马相如长期被称"蜀人"，可由广义到狭义演变。古代巴国和蜀国国力强弱不等，影响大小相悬，后来又巴隶于蜀，因此被人们用蜀概巴，即广义的蜀包括巴地。《史记·张仪列传》："卒起兵伐蜀……遂定蜀。"实际上是伐巴蜀、定巴蜀，而说伐蜀、定蜀，是以蜀概巴。《史记·秦本纪》载昭襄王二十四年"又使司马错发陇西，因蜀攻楚黔中，拔之"。从陇西去攻打黔中（今湖南沅陵县西），当然是通过巴地，却说通过蜀地，更明显是以蜀概巴。因此巴人可称蜀人，相如长期被称蜀人就因此。《三国志》的作者陈寿也是安汉人，其故宅与相如故宅相距大约六十里，人们都称陈寿为蜀人，不称之为巴人，也是这样。蜀又有狭义——只指蜀郡，甚至指成都。《史记·司马相如列传》"至蜀，蜀太守以下郊迎"，前"蜀"指成都，后"蜀"指蜀郡，就是明证。这"蜀"的广义到狭义，司马相如也就可能由巴郡安汉人变成蜀郡成都人。

三是成都和司马相如关系特殊。相如成了富豪才在成都居住，又在成都得到给他带来好运的汉武帝的征召，相如当皇帝特使责唐蒙喻巴蜀民也在成都，相如在三个副使陪同下"驰四乘之传"使"蜀太守以下效迎、县令负弩矢先驱、蜀人以为宠"，卓王孙又"厚分与其财、与男等同"的显贵炫人的事也在成都。司马相如一生中最富豪最显贵的时期和事件都与成都关联着，在不知道他是安汉人的情况下，人们当然容易误以为他是成都人。

四是有《华阳国志》始作俑。《华阳国志》作者是东晋蜀人常璩，仕李势政权为散骑常侍。东晋大司马桓温收蜀后，以常璩为参军，东晋也内讧外患风雨飘摇。他在变乱的漩涡中生活，获取资料不易因而不详，也难潜下心来周详研判，知道司马相如住在成都应武帝召入长安（《华阳国志》记司马相如在升仙桥题市门可证），就认为相如是成都人。他在《自序》中罗列大量人们找不到的书，指为其书所据，就有强装门面之嫌。"其或属虚记，或仅传闻，莫得而征之矣。"（《华阳国志校补图注·前言》）书中不少内容并非实录，难以征信。地方志流传范围有限，加之作者人微言轻，唐代还不会左右人们的视线，但常璩很可能就是后代人妄加"者蜀郡成都人也"的始作俑者。

司马相如传中籍贯语空缺，司马相如长期被称蜀人，又与成都关系特殊，再加上《华阳国志》始作俑，窜入"者蜀郡成都人也"几乎已成必然趋势。于是未经深究的人便加上了这虚妄的籍贯语。

第三节 "以成都为籍贯"是臆造生出的新迷雾

《史记》《汉书》影响巨大,窜入的籍贯语又不容易识别,以至今人难以接受司马相如的籍贯是巴郡安汉的事实。但是事实无可辩驳,于是固执司马相如的籍贯是蜀郡成都的人,或说成都是司马相如的落籍地,或说成都是司马相如的籍属地,名目稍异,所指相同,都是说司马相如的户籍所在地是成都,用来与相如的出生地对立,进而说籍属地(落籍地)才是司马相如的籍贯。这是转弯抹角肯定司马相如是成都人,转弯抹角否定司马相如是安汉(相如、蓬安)人。这与说司马相如长于成都不同:长于成都并不是成都人,以成都为籍贯一定是成都人。

这说法的主要代表是熊伟业的《司马相如研究》(电子科技大学出版社2012年版)。这说法大致有三个支撑点:一是司马"相如《自叙》就认为他自己是成都人"(该书15至17页用李大明《司马相如生于蓬安》说);二是司马相如"少年时代又迁居蜀郡成都,遂以成都为籍贯","约10岁(前167年)迁居成都,遂以成都为籍贯","前167年,相如约10岁,举家从巴郡安汉县即今蓬安县迁居蜀郡成都县,编户在成都……《自叙》之类也以成都为籍贯"(同上,36页、49页、54页);三是时至汉代"'籍贯'还不一定是故乡的意思,在何处生产生活,就是何处人"(同上,17页)。考察这些新的研究成果,并没举出确凿证据,也没作出有力论证,而是以假想代考证,以假想为结论;或误用论据,误作结论，都是以预先的臆断为结论，因而成为司马相如籍贯的新迷雾。这些迷惑人、误导人的假说貌似考证，其实是错误地固执着司马相如是成都人。因为司马相如以成都为籍贯，就只能说司马相如是蜀郡成都人，就不能说司马相如是巴郡安汉人，也就不能说司马相如是相如（蓬安）县人。没有专门研究的人不明其究竟，很容易被其迷惑误导，所以需要考证。

相如《自叙》就认为他自己是成都人，是忽略了刘知几《史通·序传》中"逮于祖先所出则蔑而无闻"的话，只根据《史通·杂说上》的活，就推导出史传既是录用相如《自叙》，"成都人"当然就出自相如《自叙》。"祖先所出"就指世系、籍贯，详见上节。既然世系、籍贯都空缺着没写，怎么能说相如《自叙》就认为他自己是成都人呢？

说司马相如少年时代就迁居成都，也是没举任何证据的假想。且不说"王吉或为同学"，司马相如"以资为郎"时"王吉或应召在蜀郡太守门下，后积功为临邛县令"（《司马相如研究》58、59页）这些未成体系的假想；只说形成了体系成为了信息链的假想。

景帝时，相如"以资为郎"就"从成都到长安""同郡入选者或有杨得意，同入长安，被选在狗监"（《司马相如研究》59页），"前150年，约二十七岁，相如随梁王入朝景帝，得见供奉内廷的同乡故友杨得意，向杨得意讲述《子虚赋》等事"，"司马相如创作《子虚赋》约在前151年，……次年上半年相如随梁王入朝景帝，这次时间长，而且能够出入宫廷，与杨得意重逢，并送《子虚赋》给他……杨得意才可能知晓司马相如与《子虚赋》"，"梁王二十九年十月……

梁王声势浩大地入朝景帝,司马相如可能随从……因此能与杨得意相见,并告诉他著《子虚赋》之事"(《司马相如研究》71、67、74页)。这些既作了系年,又前后连贯,好像是确切而完整的信息链,支撑着相如自幼居住在成都。但是,一经细看,不仅全是没举证据的假想,而且这些假想于情理于史实都不符。

狗监只是凭养狗的小技能入侍的人,随时可任用,武帝见金日䃅把马养得好,"即日""拜为马监"(《汉书·金日䃅传》)就是明证;而选用官吏要有一定程序,武帝召相如就并不即日拜为郎就是明证。怎么可能杨得意与司马相如同时入选"同入长安"呢?这于理不通,也与史实不符。《史记·司马相如列传》云:"居久之,蜀人杨得意为狗监,侍上。上读《子虚赋》……得意曰:'臣邑人司马相如自言为此赋。'""居久之"是句首时间状语,指司马相如在成都"买田宅,为富人"居住许久后。这时间短语意思确切,毫无歧义。司马迁当时就在朝廷为太史,不可能误记;相如《自叙》也不可能误记。这时间既可以理解为指杨得意"为狗监,侍上"的时间,即司马相如居成都许久后杨得意才成为狗监侍候武帝,那么,"久"至少虚岁三年;也可理解为指武帝和狗监谈《子虚赋》的时间,那么,"久"为虚岁四或五年(年数详见第二章第三节)。在三四年的时间里,相如当然有足够的时间和机会向杨得意"自言为此赋"(也许各夸其能言及,则见关系无间)。司马相如在成都"买田宅为富人"已是景帝末年,"居久之"就到了武帝时了,杨得意为狗监是武帝时事,怎么能扯到相如"以赀为郎"的景帝元年或二年去呢?如此,则杨得意是司马相如得到卓王孙的巨额钱财后居成都才结识的。所以杨得意景帝时与相如"同郡入选""同入长安"、相如自梁入朝时"与杨得意重逢并送《子虚赋》赋给他""告诉他著《子虚赋》之事"等假想全都不能成立,全都不能支撑相如未成年就居住在成都的假想。生长在村野,富后挤进都市,是古今同然的普遍规律。司马相如也是循这规律在暴富后才居住成都的。居成都时已过大半生,远非少小时(详见第二章第三节)。

要明确是否时至汉代还以籍属地(落籍地)为籍贯,就比说明上述问题繁难多了。因为研究者误用了不少例证,误作了一些论述,把人们的视线引向了歧途。

"籍贯"的通义,《新华字典》解释今义为"自身出生或祖居的地方",《辞源》解释古义为"祖居或出生地"。古今都指本人出生地、祖先居住地,这是通义。只是这"祖先"应是指父辈或父辈及祖父辈,因为有的人远祖不住在本人出生地。与本人出生地同一的祖居地才是籍贯,不同一的祖居地是"祖籍"。按"籍贯"的通义,就该说司马相如是巴郡安汉(相如、蓬安)县人;既说相如生于安汉,又说相如"以成都为籍贯"就错误。所以只好说时至汉代,籍贯还是指籍属(落籍)地的特定义。

以籍属地(落籍地)为籍贯在事理上是说不通的。出生地是唯一的,固然可以作籍贯。籍属地(落籍地)多不唯一,如司马相如的籍属地有梁地、成都、长安(包括所辖文园、茂陵),且三地中成都居住时间最短,该以哪里为籍贯呢?于是有人提出"最终落籍地"。这也不对,相如最终落籍地是长安(茂陵),依这种说法就应说司马相如是长安人(或茂陵人),也不能以成都为籍贯。于是有人说,时至汉代

"籍贯"还不是通用义,而是特定义——指籍属地。这也是固执"者蜀郡成都人也"而作的假想。以籍属地为籍贯既不合事理,也不合史实。

汉代"籍贯"指出生地还是指籍属地,司马迁不可能不知道。因为他写的《史记》56/65的篇数是人物传记,如果人的籍贯指什么都不知道,是不堪设想的。现在看看《史记》的实例吧。

《史记·韩长孺列传》:"韩安国者,梁咸安人也,后徙睢阳。"韩安国"后徙睢阳"与司马相如后徙成都相类似,可是司马迁不写成"韩安国者,睢阳人也",而说"韩安国者,梁咸安人也",明显是以出生地为籍贯,不以迁居地(籍属地)为籍贯。怎么司马相如就"以成都为籍贯"呢?

《史记·孙子吴起列传》:"孙子武者,齐人也。"依研究者所引《新唐书·宰相世系表》说,孙武因齐国"田、鲍四族为乱,奔吴"。显然,孙武的出生地是齐国,出奔地是吴国,"齐人也"是以出生地"齐"为籍贯,而不以籍属地"吴"为籍贯。

《史记·绛侯周勃世家》:"绛侯周勃者,沛人也。其先卷人,徙沛。"先人已迁居到沛地,周勃当然在沛地出生。"其先卷人也",是说周勃的祖籍是卷地。"沛人也",是以周勃的出生地为周勃的籍贯。

《史记·张释之冯唐列传》:"冯唐者,其大父赵人。父徙代,汉兴,徙安陵。"赵地是冯唐的祖籍。冯唐的父亲徙代又徙安陵,冯唐出生在代地还是安陵,不得而知,就宁肯其籍贯空缺着,也不以两处迁居地(籍属地)之一为籍贯。显然只能以出生地为籍贯。

由上述确凿证据可知,汉代的"籍贯"不指迁居地(籍属地落籍地),不是特定义;而指出生地,而是通用义。

提出时至汉代,籍贯还指籍属地的研究者没有举出直接证据,却"顾左右而言他"地举了不少例证来证明籍贯指籍属地。不加辩说很容易迷惑、误导人,但逐例辩说又繁琐,现分类略说。

第一类,一人籍贯,两书不同的例证。

吕不韦,汉代《史记·吕不韦列传》:"吕不韦者,阳翟大贾人也",汉刘向所编《战国策》卷七"秦五":"濮阳人吕不韦贾于邯郸。"研究者论述:"出身(当作'生')地与户籍地不一,太史公仅闻一端而载。"

孙武,汉代《史记·孙子吴起列传》:"孙子武者,齐人也。"汉代《吴越春秋》:"孙子者,名武,吴人也。"研究者论述:"也是和吕不韦的籍贯同样的道理。'齐'和'吴'本来就是孙子居处籍属的变动:'齐大夫……生凭……凭生武,字长卿,以田、鲍四族谋为乱,奔吴,为将军。'"(《司马相如研究》18 至 19 页)

郭玉,晋代《华阳国志》:"郭玉,字通直,新都人也。"晋至南朝宋《后汉书·方术列传》:"郭玉者,广汉雒人也。"研究者论述:"可能是生于新都,后徙广汉,二书各取一端而已。"

杨王孙,《华阳国志》:"杨王孙,成固人也。"《华阳国志校注》引汉代《西京杂记》云:"京兆人也。"

甘宁,晋代《三国志》:"甘宁字兴霸,巴郡临江人也。"而裴注引《吴书》曰:"宁本南阳人,其先客于巴郡。宁为吏举计掾,补蜀郡丞,顷之,弃官归家。"

栾巴，《后汉书·栾巴传》："栾巴字叔元，魏郡内黄人也。"注引晋代《神仙传》云："巴，蜀郡人也。"

研究者论述："上举人士的籍属（地）或出生地本有变动，但《华阳国志》等只取一点。"（《司马相如研究》21页）

这类例证复杂，论断相同：都是各个人的出生地和籍属地不同，各书作者"仅闻一端""只取一点"，即两书各在出生地和籍属地中取一处为籍贯，就成了一个人在两书中的两个籍贯。这些书大多是同一时代的，如《史记》和《战国策》、《史记》和《吴越春秋》同出汉代，《三国志》和裴注所引《吴书》同出晋代，《华阳国志》和《后汉书》、《后汉书》与《神仙传》也大致同时代。研究者都只说这些书各以出生地或籍属地为籍贯，却没有论证孙武、郭玉外的各个人的两个籍贯哪个指出生地哪个指籍属地，更没论证所有各个人的两个籍贯哪个正确哪个错误，就等于说任取出生地、籍属地的一处为籍贯都正确。这样说来，古书所记籍贯就不知所指了。而且，以出生地为籍贯正确，就否定了汉代籍贯是指籍属地的特定义。研究者本想用这些例子证明汉代以籍属地为籍贯，却事与愿违，自己打破了自己想要证明的观点，是因为误用了论据，误作了论断。其实，出现两书中同一人的籍贯不同，至少有一个是错误的，可能两个都错误，但不可能两个都正确。比如孙武的籍贯，研究者已引文指出他出生在齐地，奔逃到吴地，那么，《史记》的"齐人也"正确，《吴越春秋》的"吴人也"错误，因为前者才符合"籍贯"的通义；如果说"吴人也"正确，就必须举论据作论证，因为不符合"籍贯"的通义。但绝不能都视为正确。《华阳国志》有不实,《西京杂记》《神仙传》是笔记小说,更不可靠。这些就不赘述了。

前举例中还有不是两个籍贯的。《三国志》卷五十五原文:"甘宁字兴霸,巴郡临江人也……乃往依刘表,因居南阳。"裴松之注引《吴书》是注"依刘表因居南阳"(注释位置欠妥)。从上述引文可知,南阳是甘宁的祖籍,甘宁的先人已到巴郡,甘宁在蜀地(包括巴地)"为吏举计掾,补蜀郡丞",当已历时约二三十年。显然甘宁出生在巴地,说他是巴郡临江人是对的。只是引文中"客"是"旅居"的意思,住那么多年,不能叫旅居,可能是"家"之误。裴注不过说明,甘宁"居南阳"不只是依刘表的原因(仅因此,可住荆州境内另一地),还有南阳是他的祖籍、才离居约几十年应还有族人在这个原因,不是说甘宁的籍贯是南阳,只说他的根源是南阳人,而不是说他是南阳人。研究者却把南阳和巴郡临江说成是甘宁的出生地和籍属地"户籍居处变迁"的两地,实为祖籍和籍贯两地。

这一类例证如此复杂,研究者轻率地一概而论,想以这些来证明汉代籍贯指籍属地,终成自相矛盾,打破了籍贯特指籍属地,肯定了籍贯也指出生地,扰乱了籍贯只指出生地,从而迷惑人误导人。

第二类,一个籍贯地两种表述式的例证。

"王褒,《汉书·王褒传》云:'王褒字子渊,蜀人也。'而《华阳国志·先贤士女赞》云:'王褒字了渊,资中人也。'但《华阳国志》目录、赞俱又入'蜀郡士女';《僮约》云:'资中男子',而《圣主得贤臣颂》又云:'今臣辟在西蜀。'……这和司马迁既云'迁生龙门',又作'太史令茂陵显武里大夫司马迁'的道理一样,是户籍居处变迁的反映,也是不同场合不同时期对籍属(贯)的不同理解。"(《司马相如研究》21至22页)

这就是说,蜀郡(西蜀、蜀)人和资中人是各取王褒的出生地和籍属地之一作为王褒的籍贯,蜀郡(西蜀、蜀)和资中分别是王褒的籍属地和出生地,是吗?郭沫若是四川乐山人,"郭沫若是四川人""郭沫若是乐山人",是各取郭沫若的出生地或籍属地为郭沫若的籍贯吗?扬雄是蜀郡成都人,"扬雄是蜀人""扬雄是成都人",是各取扬雄的出生地或籍属地为扬雄的籍贯吗?"蜀郡资中"和"蜀郡成都"是一样的隶属关系。不仅《华阳国志》自相矛盾,既说王褒是资中人又说王褒是蜀郡人,而且王褒自己也糊涂得自相矛盾地一时以出生地为籍贯一时以籍属地为籍贯,也亏研究者想得出来,不得不佩服四顾无人胆似天的气魄。只可惜豪壮带着虚妄:王褒是蜀郡资中人,"蜀郡(西蜀、蜀)人"和"资中人"不过是王褒籍贯详略不同的表述式而已,具体则资中,概略则蜀郡(古代不像现在籍贯规范到以县为准);不是各取王褒的出生地或籍属地之一而成的两个籍贯。资中和蜀郡(西蜀、蜀)也不是王褒"户籍居处变化"的两地,蜀郡资中是王褒的出生地。这当然不能证明汉代籍贯特指籍属地,只能迷惑人误导人;却恰好用各书和王褒自己都以王褒的出生地为籍贯的确切论据,证明了汉代籍贯指出生地,否定了研究者要证明的汉代"籍贯"指籍属地的论点。(研究者论述中的"司马迁……的道理"见下文)

第三类,误解例中语意的例证。

"以司马迁本人来说,出生地和编户地就是两个概念……《史记·太史公自序》说:'迁生龙门,耕牧河山之阳',而'卒三岁而迁为太史令'句下《索隐》引《博物志》却说:'太史令茂陵显武里大夫司马迁,年二十八,三年六月乙卯除,六百石。'按此处的意思,也完全可以说司马迁是'右扶风茂陵人',即'右扶风茂陵显武里'是司马迁当时编户所在地,'龙门、河山之阳'是司马迁出生地、故里,而《太史公自序》并未提到'右扶风茂陵显武里'。"(《司马相如研究》18页)

且不说《博物志》是志怪小说,不足征信;就按研究者所引文字,意思是,司马迁于元封三年六月乙卯日由茂陵显武里大夫"除"(任命为)太史令,年龄二十八岁,俸禄六百石,"茂陵显武里大夫"绝不是籍贯语,甚至连"茂陵显武里人"的字眼都没有。"大夫"是官名,汉代大夫"秩自六百石至二千石不等"。"太史令"和"茂陵显武里大夫"都是司马迁的官名,类似景帝时"郎"和"散骑常侍"都是司马相如的官名。怎么能说"按此处的意思,也完全可以说司马迁是'右扶风茂陵人',即'右扶风茂陵显武里'是司马迁当时编户所在地"呢?恐怕是没看清楚自己所引文字就用自己事先确定的框框——以籍属地为籍贯去套上的,才有这样错误的信口臆断。

司马迁说"迁生龙门",就说明了自己的出生地,即写出了自己的籍贯,所以《自序》中没再写"……人也"的籍贯语句。且不说研究者所引文字中并没有说司马迁的籍贯,就按研究者臆断的"右扶风茂陵显武里是司马迁当时编户所在地""而《太史公自序》并未提到'右扶风茂陵显武里'",这就证明《史记·太史公自序》是以出生地为籍贯,而不以编户所在地（籍属地）为籍贯，也就证明汉代不以研究者所谓"籍属地"右扶风茂陵为司马迁的籍贯。研究者怎么用这段文字来证明《史记》《汉书》时代"籍贯"还是指籍属地的特定义呢？自相矛盾还不自知。

　　上述三类例证合起来数量不少，本想用来证明汉代籍贯是指籍属地的特定义，但都不能证明汉代籍贯是指籍属地的特定义：有的例中不是两个籍贯，而是以出生地为籍贯，就否定了汉代以籍属地为籍贯的观点，成了自相矛盾；有的例是包含错误的两个籍贯，又被视为以出生地为籍贯和以籍属地为籍贯都正确，也就打破了汉代籍贯是特指籍属地的观点，就肯定了以出生地为籍贯，也成了自相矛盾。这是因为汉代"籍贯"这概念实际上指出生地，是籍贯的通义；凭臆想硬说是指籍属地的特定义，就必然不合事理、不合史实而漏洞百出。

　　综上可知，司马相如《自叙》并没有"认为他自己是成都人"，司马相如也不是少年时期就迁居成都，汉代"籍贯"不指籍属地而指出生地。研究者臆造虚拟出来企图支撑司马相如"以成都为籍贯"的这三个支点，全不能成立，全是固执"蜀郡成都人也"而臆造生出的新迷雾。

　　本章小结，今人研究论断的司马相如"以成都为籍贯"，是臆造惑人的新迷雾；《史记·司马相如列传》中的"者蜀郡成都人也"是内容虚假的窜入语，司马相如的真实籍贯是巴郡安汉，司马相如是巴郡安汉人，即从安汉划分出来的相如县（今蓬安）人。

第二章　生平撮要

司马相如生平不可能详考，因为文献上记载他生平的内容本就不多，系年更是难事。近年有人力求详细考订，以致假想甚多，考证欠严谨，上章已有所及，此不赘述。今只撮其要者作些考证，有据可推时间者，作出系年。

第一节　生年赘语

司马相如生年很难确定，刘南平说"将不会永远'阙疑'下去"（《司马相如考释》312页），只不过是对自己的误解过分自信的激情语。姜亮夫先生推断为公元前179年即汉文帝前元元年，是合理的，也基本上已成共识，本不需赘言。但近年有一些新推断，虽都自信其能够成立，其实都不如姜先生所推断可信。为避繁琐，不逐一分析，只就距公元前179年最远和最近的两种新说略作分析。

刘南平、班秀萍《司马相如考释》（天津古籍出版社2007年版）推论相如生于公元前169年，实为误断。（费振刚等《全汉赋校注》持此说）

考释者认定司马相如生于公元前169年的关键，在于认定司马相如不可能在公元前155或154年梁王入朝时见到邹阳、枚乘同随梁王入朝。这个关键的基本立足点，又是"邹阳是景帝前元四年（公元前153年）才有了平生唯一一次游梁的经历"（《司马相如考释》9页）。而这个立足点是站不住脚的。

考释者引了《汉书·贾邹枚路传》："邹阳者，齐人也……吴王以太子事怨望，称疾不朝，阴有邪谋，阳奏书谏。为其事尚隐，恶指斥言，故先引秦为谕……其辞曰：'……始孝文皇帝据关入立……今天子新据先帝遗业……'吴王不内其言。是时，景帝少弟梁孝王贵盛，亦待士。于是邹阳、枚乘、严忌知吴不可说，皆去之梁，从孝王游。"又引《汉书·文三王传》："明年，汉立太子……从千乘万骑，出称警，入言跸，拟于天子。招延四方豪杰，自山东游士莫不至：齐人羊胜、公孙诡、邹阳之属（颜师古注：'言皆游梁'）。"由此论断："'招延四方豪杰，自山东游士莫不至：齐人羊胜、公孙诡、邹阳之属'与'是时，景帝少弟梁孝王贵盛，亦待士。于是邹阳、枚乘、严忌知吴不可说，皆去之梁，从孝王游'的记述何其相似；更重要的是，上述记载中'明年'二字所昭示的景帝前元四年（前153年），准确地注释了邹阳本传中'是时'二字的时间，即邹阳去吴游梁的准确系年。"（《司马相如考释》4、6、7页）这完全是误解。

《贾邹枚路传》中的"是时"，指吴王"阴有邪谋""其事尚隐"，邹阳"奏书谏""吴王不内"时（是：这，指代上文），是吴王公开造反前，具体说就是公元前156或155年（详见后文）；《文三王传》中的'明年'是梁王"二十五年复入朝"的第二年，即吴王公开造反而被消灭的第二年（公元前153年）。所以，《文三王传》的"明年"绝不能"准确地注释"《贾邹枚路传》的"是时"(相差二或三年),也绝不是"邹阳去吴游梁的准确系年"。"是时"后明确写着是吴王公开造反前邹、枚、严主动择主去吴游梁,绝不是吴王被消灭后才无奈择主游梁。

所谓"何其相似"的两处文字何曾相似?简直大相径庭:《贾邹枚路传》中是说,邹阳奏书谏、吴王不纳时(公元前154年前),邹阳、枚乘、严忌决定另择主人,在诸侯中作比较,梁孝王"贵盛"(非指极盛,文帝时梁孝王就"比年入朝,且留"——本传),也优待士人,于是三人同时同路从吴到梁;《文三王传》中是说,梁孝王因灭吴有功处于极盛时(公元前153年),招延四方豪杰,淆山以东的游士"莫不至",举齐人就有三个为例。颜师古注文也不过指出这三人都是游梁的人。大概考释者误以为羊胜、公孙诡、邹阳三人因为梁王招延四方豪杰,而同时同路从齐游梁。邹阳、枚乘、严忌是吴王"阴有邪谋""其事尚隐"时因吴王不纳谏言就主动择主,同时同路去吴游梁了,绝不是吴王造反败亡后的公元前153年才被迫投梁。邹阳和羊胜、公孙诡不是一条道上的人,还被羊胜、公孙诡诬陷下狱几死,不会是和羊胜、公孙诡因梁王招延四方豪杰而同时同路从齐入梁的。

考释者又说,邹阳奏书谏吴王在"文帝死后景帝新立之时,也就是公元前156年;而吴王濞谋反之高潮正在景帝二年至三年(前154—前153年)正月前……可见景帝二年至三年(前154—前153年)正月前,邹阳仍在吴国,而枚乘已于景帝即位前游梁,因此(枚乘传中)那个'等'字不包括邹阳"(《司马相如考释》7页),也是误解。前已阐明,邹阳在吴王"阴有邪谋""其事尚隐"时就"奏书谏",因吴王不纳就去吴游梁了,即文帝死后景帝新立的公元前156或155年邹阳都可能去吴游梁;考释者也说"就是公元前156年",怎么又自相矛盾地断定景帝三年(公元前154年)正月前邹阳仍在吴国呢?自主择主去吴怎么会等到吴王公开造反前夕还在吴国呢?"枚乘已于景帝即位前游梁",是把与枚乘游梁时间无关、原本是下段段首时间状语的"景帝即位"生拉活扯用来说"'景帝即位'四字出现在'吴王不纳,乘等去而之梁,从孝王游'的记载之后"(《司马相如考释》5页)。邹阳游梁不在景帝前元三年后,枚乘游梁不在景帝即位前,就不能说"枚乘等去而之梁"的"等"字不包括邹阳。其实"等"就指邹阳、严忌(详见后文)。按考释者的曲解,"邹阳……从孝王游"的记载也是错误的,能证明这记载是错误的吗?

在上述误解引文的基础上,断定邹阳景帝前元四年(公元前153)才游梁,不可信。由此断定司马相如不可能于公元前155或154年见到邹阳、枚乘同随梁王入朝,也就不可信。

考释者又说,"梁王第三次入朝时,羊胜、公孙诡、邹阳、枚乘、庄忌这五人都很可能是随行者",相如"怎么没见到梁王的亲信羊胜、公孙诡二人,却只见到邹阳、枚乘和庄忌呢?可见梁王第三次入朝时,相如很可能尚未出仕入朝"(《司马相如考释》11页),"所以相如出蜀入仕景帝朝,很可能在梁王第三次入朝离去,即景帝前元七年(前150年)冬十一月之后,至梁王第四次入朝之前"(同上13页)。这没有证据,而推测又不能排除其他可能性。有可能五人同次随梁王入朝,更有可能这次带羊胜、公孙诡,那次带邹阳、枚乘、庄忌,因为邹阳和胜、诡政见对立,被二人诬陷。即使五人同行,相如也都见到了,但人以群分,不同群的人在同一场合对面并肩,也可以不交一言,互不相干,相如传中怎么会记载呢?记邹阳、枚乘、庄忌,是因为三人吸引相如"见而悦之",以致离景帝而就诸侯了,否则也不会记。由这样的假想推论得出的公元前 150 年冬十一月到当年秋(当时以十月为岁首)前相如才出蜀入仕,就不可信。

在上述推论基础上,认定相如于公元前 150 年冬十一月后以二十虚岁为郎,于当年秋季入梁,就不可信。为郎当年入梁就偶然性很大。这时已是朝廷"遣使冠盖相望于道"地追究梁王亲信羊胜、公孙诡之后,梁王"伏斧质阙下谢罪"时了,相如不可能在这时离景帝去追随梁王。说置身景帝身边的相如对这等朝廷大事"确实全然不知"(《司马相如考释》69 页),难以使人置信。更重要的是相如不可能二十岁就"以赀为郎"。《司马相如研究》也认为相如二十岁为郎,故以下合并言之。

汉代选用官吏是推举、征召或二者结合(如《史记·平津侯主父列传》云,"有诏征文学",菑川国就推举公孙弘;《史记·田叔列传》云,"有诏募择卫将军舍人以为郎",卫青就推举田仁、任安)。这里不细说。

征召是快车道,征召者对被征召者了解、赏识就征召,所以被征召者可能年轻,如贾谊被河南守吴廷尉征召时才十八岁。但是要被皇帝了解、赏识并不容易。所以贾谊被汉"文帝召以为博士"时"年二十余,最为少"(《史记·屈原贾生列传》),被皇帝征召最年轻的人也是二十多岁。武帝时，司马相如就是被征召为官的。

通过推举做官，更难二十岁就"为郎"。推举对象必须具备官场准入条件。当时官场准入条件已难全知，可知的如年龄、家资、身份等方面不一而足。

官场准入的年龄条件也难以确定，只能推论。据《汉书·高帝纪》："萧何发关中老弱未傅者悉诣军。"颜师古注："傅，著也，言著名籍，给公家徭役也。"这注文是说，傅，就是傅籍，就是把达到规定年龄的人登记上名册，以便征发去服徭役。这传文是说萧何把不该服役的老弱和未到傅籍年龄的年轻人都征发到军队去了。多大年龄就该登记服徭役呢？《史记·孝景本纪》云："男子二十而得傅。"《汉书·景帝纪》也说："（前元）二年……令天下男子年二十始傅。"颜师古注："旧法二十三，今此二十。"有人说张家山出土的《二年律令》记载汉初傅籍年龄在二十到二十四岁不等。无论如何，最低是二十岁。做官不是服徭役，所以这还不是确切的官场准入年龄。我们可以按义务、权利并存原则，推定为服徭役的义务和被推举为官的权利并存，最低二十岁就可以被推举为选任官吏的对象。这是推论的官场准入的年龄下限。

二十岁可以被推举，也不能断定"相如初仕正在其傅之年"（《司马相如考释》13页），也不能说"司马相如应该在20岁傅籍年龄一到就应选为'郎'，不必再延迟"（《司马相如研究》44页）。"不必再延迟"不能用来说做官，只能说"傅籍""不必再延迟"，一到二十岁就去登记服役人名册。把一到年龄就去傅籍，理解成一到年龄就可能被推举，也不是"就应选为郎"。《司马相如研究》也说还要"经过县、

第二章 生平撮要

郡、朝廷层层推择辟举"（59页），就算"在年满20的当年，相如就报名参加'郎官'考选"（同上，58至59页），自己报名，地方推举不推举？是否层层都推举？即使层层推举，要耗时多久？本人到朝廷应选需要多少日月？所以不能断定20岁傅籍年龄一到就应选为"郎"了。

更重要的是，司马相如不是被征召，也不是被推举，而是"以资为郎"，就是"纳资"当官（详见下节）。因此，他不可能刚到我们推定的可以被推举选用的二十岁，就不等推举而耗家资去谋官。按常情常理应是等待企盼被推举，等一年还不至于绝望，再三失望，才只好拼家资求官了。所以不能断言"相如初仕正在其傅之年"。

《司马相如研究》推断相如公元前157年二十岁为郎（58页），还疏忽了这时二十岁还不到傅籍年龄。二十岁傅籍是景帝前元二年（公元前155）才下诏的，依颜师古注，公元前157年要二十三岁才傅籍。

所以，《司马相如考释》按公元前150年相如二十岁傅籍为郎推断相如生于公元前169年不可信，《司马相如研究》按公元前157年相如二十岁傅籍为郎推断相如生于公元前176年（该书41、49页）也不可信。

我们再看看《汉书·贾邹枚路传》，恰好能证明邹阳、枚乘于公元前156或155年入梁。

> 邹阳，齐人也……阳与吴严忌、枚乘俱仕吴，皆以文辩著名。久之，吴王以太子事怨望，称疾不朝，阴有邪谋，阳奏书谏。为其事尚隐，恶指斥言，故先引秦为谕，因道胡、越、齐、赵、淮南之难，然后乃致其意。其辞曰："……始孝文皇帝据

· 33 ·

关入立……今天子新据先帝之遗业……"吴王不内其言。是时,景帝少弟梁孝王贵盛,亦待士。于是邹阳、枚乘、严忌知吴不可说,皆去之梁,从孝王游。

……

枚乘字叔,淮阴人也。为吴王濞郎中,吴王之初怨望谋为逆也,乘奏书谏曰……吴王不纳,乘等去而之梁,从孝王游。

景帝即位……吴王遂与六国谋反……枚乘复说吴王曰……

汉既平七国,乘由是知名。景帝召拜乘为弘农都尉,乘久为大国上宾,与英俊并游,得其所好,不乐郡吏,以病去官,复游梁。

邹阳谏吴王和枚乘前次谏吴王的时段相同:"以太子事怨望……阴有邪谋""其事尚隐"与"初怨望谋为逆",都指从文帝初年到吴王公开造反前。再从邹阳谏文可知具体是在景帝即位初期。邹阳谏书还旁敲侧击,枚乘谏书还说纳基绝胎,都离爆发尚远,且既是自主择主就不会等到吴王公开造反前夕,当不到景帝前元三年(公元前154),应在公元前156或155年;得到的回应相同:都没被吴王采纳;面对事态他们的态度相同:另择主人;他们另择之主相同:在诸侯中相对"贵盛"的梁孝王;他们的行为相同:同时同路从吴入梁。由此可见,邹阳、枚乘、严忌是在景帝前元元年(前156)或二年(前155)一道从吴入梁的。分述虽可以说《邹阳传》《枚乘传》,其实是《贾邹枚路传》一篇文章中的前后文字。一篇文章的前后文字是互相关联的。所以前文已详述邹阳、枚乘、严忌，后文当然用"乘等"复指，这是前后文紧密关联的必然结果。没有前文这里就不能用"等"；抛开前文，这里的"等"就不知所云。"乘等……从孝王游"句和"邹阳……从孝王游"句，都是说邹阳、枚乘、严忌同时同路去吴游梁。无视这么明确而无歧义的史料，去臆说误断这"等"字不包括邹阳，只能说是错误理解或蓄意曲解传文。传文中"是时"，关联前后文来看，就指邹阳、枚乘分别谏吴王都不被采纳时，是三人主动另择主而同时同路从吴入梁的时间状语。有的研究者将其转移成吴王败亡后梁王极盛的公元前153年梁王招延四方豪杰时，是生拉活扯的曲解。显然，可以确定邹阳、枚乘、严忌是在公元前156或155年一同从吴入梁的。

枚乘先后两次入梁，后一次入梁是在"汉既平七国"后，"景帝召拜乘为弘农都尉"，枚乘"以病去官，复游梁"。这时，他不可能和邹阳、严忌一道从吴入梁了。所以，枚乘与邹阳、严忌同时同路从吴入梁，只可能在公元前156或155年。吴王公开造反时，"枚乘复说吴王"，当是自梁返吴（梁首当其锋，可能梁王授意）游说，则邹阳、枚乘、严忌一道入梁必在景帝前元三年（公元前154）前。

公元前156或155年是邹阳、枚乘、严忌从吴入梁之年，则公元前155或154年梁王入朝时，就一定会带上他们，因为那样正好让梁王显示自己得人心、得人才，正好像惠帝用四皓固太子位一样，就容易获得景帝"千秋万岁后传于王"的许诺。所以，相如就完全可能于公元前155或154年见到同随梁王入朝的邹阳、枚乘、严（庄）忌。

《史记·司马相如列传》说司马相如"以赀为郎，事孝景帝为武骑常侍",却没说在景帝时哪一年为郎为武骑常侍。而《资治通鉴·汉纪七》于"景帝二年(公元前155年)"下,已将司马相如列入从梁孝王游的人名中了:"如吴人枚乘、严忌,齐人羊胜、公孙诡、邹阳,蜀人司马相如之属皆从之游。"即此年梁王入朝(未知何月)而相如从之。这是有据可依从而推定司马相如生年的基准时间。那么司马相如"以资为郎"只能在景帝前元元年(前156)或二年(前155年)初了(二年十二月后二十而傅)。虽然《资治通鉴》此记"多属经筛选后的汇总之言"(《司马相如考释》16页),但"汇总之言"常系于汇总内容涉及的时间起、止或事件高潮时,而所系景帝前元二年并非起止年,也非梁孝王极盛之年,且"蜀人司马相如"是《史记》《汉书》相应文段中没有的,非汇总而来,就可能有我们不知的依据;且上文已证明司马相如完全可能于公元前155或154年见到邹阳、枚乘等随梁孝王入朝。所以《资治通鉴》此记可以作为相如游梁时间的依据,则司马相如"以资为郎"在景帝前元元年或二年初。推测相如生于公元前179年,则其为郎时24或25岁,即傅籍后第二或第三年,是最合情合理的,也合前述《汉书·贾邹枚路传》史实。所以姜先生的推断宜采信。

司马相如生于公元前179年,卒于汉武帝元狩六年(公元前117年),虚岁六十三。

第二节　以资为郎

"以资"就是纳资,直白说,就是用钱财。但有些人说不是"纳资"而是"资选"。所以不得不先作辨析。

《汉书·景帝纪》载后元二年（公元前142）诏令："今赀算十以上乃得宦。廉士算不必众，有市籍不得宦。无赀又不得宦，朕甚愍之。赀算四得宦，亡（不要）令廉士久失职、贪夫长利。"应劭注曰："古者疾吏之贪，衣食足知荣辱，限赀十算乃得为吏，十算，十万也。贾人有财不得为吏，廉士无赀又不得宦，故减赀，四算得宦矣。"诏令的意思是，拟诏令时家资十万（依注文"十算，十万也"）以上的人才能进入官场。清白的人家资不一定多，有市籍的人（即注中"贾人"，商人）不能进入官场。没有家资也不能进入官场，我很同情这些人。家资四万可以进入官场，不要让清白的人长时间失去官职、贪婪的人老是得到好处（有钱又有权）。注文的意思是，古代痛恨官吏贪污，认为衣食充足就会懂得荣辱（只是主观愿望），所以限定家资十万的人才能进入官场。清白的人无丰足家资又不能进入官场，所以减少家资限额，家资四万就可以进入官场了。显然，此前家资十万、现在家资四万，都是进入官场的准入条件之一。

"赀选"这词的含义是，按家资（多少）选用（官吏），这是说的官吏选用办法。所以用"赀选"这词来指上述官场准入的家资条件，就是词不达意（用词不当）的错误。

就依一些研究者用"赀选"指官场准入的家资条件，也不能说司马相如"以赀为郎"不是"纳赀"而是"赀选"。

其一，家资只是官场准入条件之一。此不备述所有官场准入条件，仅上引诏令及注文就还有个不是商人（无市籍）这项条件。如果"以赀为郎"的意思是司马相如凭家资这一项官场准入条件为郎，那这话不是成了揭发司马相如不具备其他官场准入条件就"为郎"的舞弊过错吗？这显然不是作者之意。

其二，官场准入条件只是做官的前提条件，而"以资为郎"说的不是做官的前提条件，而是做官的直接因由。不是具备官场准入条件的人都能做官，所以成为官吏还有直接因由。比如司马相如在武帝时做官，家资中现钱就二十五倍于官场准入标准的"四算"，当然也具备家资这项官场准入条件，但是，司马相如在武帝时做官的直接因由是，武帝惊叹他的《子虚赋》才征召他，他"请为《天子游猎赋》……赋奏，天子以为郎"，即看了新赋又满意，才给司马相如官位。司马相如这次"为郎"也具备家资这项准入条件，但直接因由是以赋为郎。无论怎么说，司马相如这时绝不缺少家资这项官场准入条件，难道也是"以资为郎"吗？把相如两次"为郎"合起来看，更明白绝不能说家资达到官场准入条件时做官就是"以资为郎"，就是"资选"。那是把官场准入条件和为官直接因由搞混淆了。

其三，司马相如为官后有丰厚俸禄，还可以免除家人的一些赋役，在梁国待遇更优裕（参见《司马相如研究》64至71页），如果仅仅凭家资条件做官而不是纳资做官，即是"资选"而不是"纳资"，为何相如反而"家贫，无以自业"了呢？应是纳资而致家贫。

《汉书·张释之传》记张释之"以资为骑郎，事文帝"。注文引如淳曰："《汉注》：资（钱财）五百万得为常侍郎。"这以资为郎也是用钱买官。有这注文就比司马相如"以资为郎"含义更明确，在于注文明确了文帝时买"常侍郎"这个官职的价码。因为作为官场准入条件的家资数量，必须是一个统一的下限，绝不能具体官级或具体官职是具体的钱财数

第二章 生平撮要

量。具体官级或具体官职的钱财标准，就只能是买卖价格，不能成为官场准入条件了。前引景帝后元二年诏令及注文就明确了官场准入条件是一个统一的家资数量下限：先前十万，后变成四万，十万、四万，是不同时期的统一的家资数量下限。如果说张释之是凭家资五百万做官，怎么可能对张释之一人的官场准入的家资数量下限由十万变成了五百万，提高了五十倍呢？《司马相如研究》的作者认为西汉武帝卖武功爵最高级为三十余万，东汉桓帝灵帝卖官"公千万，卿五百万"，文帝就不可能卖"常侍郎"五百万，以此断定："显然，五百万不是买官的钱数。"（《司马相如研究》60页）这是无据假想。文帝、武帝、桓帝、灵帝各定官价，是自然不过的事，有什么稀奇？为什么武帝卖价低，文帝就不可能卖价高？当时官价多少，当然如淳比今人清楚。就算如淳"误将汉末事推溯到汉初"了（《司马相如研究》61页），也还是指买官。

"张释之何以至于以此（五百万）换取数百石俸禄之'郎'"（《司马相如研究》61页），也不足以否定用五百万买"常侍郎"。因为买到官不只有俸禄，俸禄外收入可能更多。且买官钱只一次，得官后收入是连续累计的。颜帅古注司马相如"以赀为郎"，虽不如如淳语明确指出具体官级官职的价码，但也有官大价高、家资多才能做到"郎"官的意思，绝没有解说成统一的最低下限的官场准入的家资数额。

总之，司马相如在景帝时的"郎""武骑常侍"是买来的。这给相如这次仕宦蒙下了阴影。

推举为官，就有作为推举理由的品质、才能层层呈报，如公孙弘有"文学"才能作为推举理由；征召为官，须先有实迹、名声让征召者知晓，如相如有《子虚赋》让武帝惊叹；而"以资为郎"就容易被人视为没有本事，即使本身德高才大，管人用人的人并不知晓。相如这次是"以资为郎"，也就容易被视为平庸之辈，所以相如只得了个武骑常侍的官职。这官职是常在景帝身边充当警卫，说白了，就是给景帝当保镖。这官职不仅要辛苦奔波，还可能要舍命拼搏（与敌手、猛兽打斗），就远不如当个言语侍从清闲又清高。相如虽少小就好读书、学击剑，文武双修，但毕竟文才优长，怎能适应这个官职？这加身的官职是烫手的山芋。花钱买个"非其好也"的官职，只好在阴影下勉力为官了。

阴霾所起，归根结蒂还在于这次"为郎"既非征召也非推举，而是"以资"的原因。明白了这些，才可能品味到司马相如用"以资为郎""非其好也"寥寥几字，就写出了他对这次仕宦耿耿于怀的不满和苦闷（列传录自《自叙》）。这是文学家的语言魅力。

司马相如运气不错，他在强烈不满和深沉苦闷中勉力为官的难熬岁月不长，很快就等来了逃避的机遇。他于景帝前元元年或二年初入朝，前元二年（公元前155年）就随梁孝王去了，只过了一年左右的保镖生活。这时相如二十五虚岁。

"以资为郎"写到此可以为止了。但是，游梁是这次仕宦的逃身术，所以顺势而及。

《史记·梁孝王世家》云："梁最亲，有功，又为大国，居天下膏腴之地"，"府库金钱且百巨万，珠玉宝器多于京师"，"孝王未死时，财以巨万计，不可胜数。及死，藏府余黄金尚四十余万斤，他财物称是"。可见梁国富甲天下，梁王又"招延四方豪杰""游说之士",就客观上有财力、主观上有意愿给予游士以优裕而悠闲的生活待遇。司马相如游梁,生活自然也就变得悠闲而优裕了,身份也就由近侍保镖变成了言语侍从。当时梁地又是文士渊薮,司马相如与枚乘、邹阳等人相处相悦。这生活这交际,有利于司马相如施展、增进其文学才华。于是,司马相如在梁完成了他的成名之作《子虚赋》。

景帝中元六年(公元前144年)六月,梁孝王死。树倒猢狲散,司马相如也就只好回安汉老家。这年相如三十六虚岁,游梁历时虚岁十二年。

游梁虽然在社会人生方面无所作为,但在文学方面成就了司马相如的名作和名声,是司马相如"以赀为郎"的绕梁余音。

汉景帝前元元年或二年,公元前156或155年,相如二十四或二十五虚岁,以赀为郎,从巴郡安汉县到长安,为武骑常侍。

汉景帝前元二年,公元前155年,相如二十五虚岁,随梁孝王到梁地。

汉景帝中元六年,公元前144年,相如三十六虚岁,因梁孝王死离梁地回安汉。

第三节 暴富前后

公元前144年六月梁孝王死,此后不久,司马相如就离开梁地回归安汉老家。道路耗时约三个多月,当于公元前143年初回到安汉老家。因为当时沿袭秦朝历法,以十月为每年的第一月。

　　这时司马相如"家贫,无以自业",没有钱自己创业了。《史记·司马相如列传》谓"素与临邛令王吉相善……于是相如往"临邛。司马相如怎么"素与临邛令王吉相善"的,已不得而知。宋人刘辰翁就曾说:"素与临邛令王吉相善""本是一段小说,子长以奇著之,如闻如见"(明代凌稚隆、李光缙《史记评林》卷一百一十七《司马相如列传》批点引)。那么,也许司马相如琴挑文君的事别有因缘途径,文中只是虚构地方长官以造势而已。此为揣测,故不赘言,只是说司马相如"素与临邛令王吉相善"无可稽考。或许司马相如父辈和卓王孙在迁徙巴蜀途中就已熟识,而此时同为"迁虏"的卓王孙在临邛已成了远近闻名的豪富。这让相如以为临邛地方谋生易,于是往临邛旅居于父辈熟识的卓王孙家。

　　相如琴挑,文君动心。"文君夜奔相如,相如乃与驰归。"这次到临邛,可能原为谋生,结果只做了一件事,就是琴挑得到文君。事成立即匆匆离开,时间自然不长。带着文君回到安汉老家,"家居徒四壁立",家中生活条件只有四面墙壁了。因此"文君久之不乐",豪富家女子一下子面临赤贫处境,会很快就不快乐,这"久之"恐怕只能是度日如年的感觉上的久,不是长时间的久。所以在安汉待的时间肯定也很短。再到临邛卖酒去羞辱卓王孙,"卓王孙闻而耻之",一听说就感到羞辱,"不得已分予文君僮百人,钱百万,及嫁时衣被财物"。相如暴富了,当然不必再在酤酒的琐事上耗费时日,会随即离开临邛。所以这次在临邛的时间也一定很短。

所以，司马相如虽两次往返安汉、临邛间，而在临邛和安汉停留的时间都很短，路途是安汉、临邛间三个单边，临邛、成都间一个单边，推测耗时大约一年或一年多，大约公元前142年就在成都"买田宅，为富人"了。这年司马相如三十八虚岁，与他享年六十三虚岁相较，已过大半生，才在成都"买田宅，为富人"，远非少年时或10岁时就迁居成都。

司马相如居住成都期间，不得不提一下的事，是相如结识了给他带来转机和鸿运的人物杨得意。《史记·司马相如列传》记相如在成都"买田宅，为富人。居久之，蜀人杨得意为狗监，侍上。上读《子虚赋》而善之，曰：'朕独不得与此人同时哉！'得意曰：'臣邑人司马相如自言为此赋。'上惊，乃召问相如。""居久之"，指司马相如在成都"买田宅，为富人"居住许久之后，是杨得意成为狗监侍奉汉武帝的时间状语。杨得意为狗监侍奉汉武帝，最早可能在武帝建元元年（公元前140年），最迟可能在与汉武帝谈《子虚赋》当年年初，即司马相如被武帝征召当年年初，即武帝建元三年（公元前138年）年初。那么，距前述司马相如寓居成都的公元前142年，相如与杨得意在成都相处虚岁三年或四年。在这么长的时间里，二人由相识到无间相亲，因而言行放诞不拘。狗监当然养狗驯狗技能高，相如作赋本事大，可能二人各夸其能，相如就"自言"其成名之作《子虚赋》了。这本是日常生活中的一件小事，却给司马相如带来了转机和鸿运。狗监一句话让武帝吃惊，才有了征召司马相如的决定。正是这次征召，使相如达到在文学创作上登峰造极、在政治生涯中显赫一时的光辉时期和高远声誉。

司马相如暴富前后知遇的两人，卓文君和杨得意，是对相如一生关系最密切、影响最巨大的两人。得此二人比得百万钱财不知胜过多少倍。惜夫！人们大多只着眼于相如这期间暴富，而极少人看到他这期间得人。

　　司马相如在成都居住多少年？《史记·司马相如列传》一说"居久之"，二说"相如为郎数岁，会唐蒙使略通夜郎西僰中"。"久之"是多少年？"数岁"是几年？二三年也可以说"数岁""久之"，七八年也可以说"数岁""久之"。从本传无法确知。

　　武帝征召司马相如，最迟在建元三年（公元前138年）。荀悦《两汉纪·汉纪·孝武皇帝纪》载"郎中司马相如从上猎长杨，长卿上书曰……"于建元三年。狩猎在气主肃杀的秋季，当时沿袭秦制以十月为岁首，则狩猎在当年最后三个月。《汉书·东方朔传》也有武帝于建元三年八九月中猎长杨并决定扩展上林苑的记载，可见建元三年秋季司马相如已在长安。杨得意为狗监侍武帝最早只能在建元元年，也可能在建元二年，他和武帝谈《子虚赋》是偶然间事，则相如应武帝召最早只能在建元二年。武帝猎长杨并决定扩展上林苑，很可能是由相如《天子游猎赋》引起兴趣的，所以，相如更可能是在建元三年春季被汉武帝征召，夏季上《天子游猎赋》。

　　按前述，司马相如约公元前142年寓居成都；据此，司马相如约公元前138年离开成都，在成都居住虚岁五年。司马相如为郎六年，"会唐蒙使略通夜郎西僰中"。在成都居住的时间，还不到在梁地居住年数的一半，只有在长安地区（含文园、茂陵）居住年数的四分之一。不过，这时的司马相如正是令众人眼红的富人。

《司马相如研究》指出，司马相如居成都期间，还做了一件事：回安汉老家修建别业。"司马相如在第一次归蜀之前是没有钱买'别业'的，所置别业应该是在'与卓氏婚，饶于财'之后"，"这个'别业'当是'与卓氏婚，饶于财'之后，再入长安之前所为"（25页）。"'别业'可能是分得卓氏巨额财产后，又回老家所建"，"也可能在奉诏再入长安之后的任何时间修建别业"（26页）。"约前141年，相如约36岁，回巴郡安汉县整修旧宅，营建别业。"（76页）"在此（居蜀）期间，卓文君、司马相如曾回司马相如出生地巴郡安汉县即今蓬安县，在旧宅旁边不远处濒临嘉陵江边依山傍水修营别业，在三地之间来回，尽享成都、临邛、蓬安等巴蜀风光。"（81页）这又是没举论据的假想。

第一章第一节已引文献资料证明，司马相如故宅在今蓬安县利溪镇境内嘉陵江东岸及其一条支流南岸，相如琴台和相如别业在这支流北岸的相如坪。上段引文描述的方位都不对；且为了尽享三地风光而从成都到安汉营建别业，也是不切实际且多此一举的事。

别业和琴台在一处，显然是因为别业是闲暇时休憩住所，琴台是闲暇时娱情学艺之用，因此二者修在一起。那么，琴台应和别业相继修建，或同时修建或先建别业。因为如果没有别业，琴台就只可能建在故宅附近，不可能建在与故宅相隔一水的相如坪。司马相如的琴技早已达到一出手就让文君"心悦而好之"的地步，必然是自幼勤学苦练所致，还可能有家传因素。因此可以断定，琴台必定是司马相如幼年时就有的。相如年轻时就在此练琴，也许相如前辈人也闲暇时在此休憩操琴并教相如琴技。上已言明,别业或建于琴台同时或早于琴台而建,那么别业是相如幼年时就有的。所以不可能相如居成都期间回安汉老家才修建别业。

景帝后元元年,公元前143年,相如回到安汉老家,继而往返于安汉、临邛间,得文君。

景帝后元二年至武帝建元三年,公元前142至前138年,相如得到卓王孙百万钱财、百个僮仆及衣被财物等嫁妆;到成都买田宅,为富人;结识杨得意;汉武帝由杨得意得知《子虚赋》是司马相如所作,征召相如;相如从成都到长安。

第四节 以赋为郎

大约汉武帝建元三年(公元前138年)冬天(当时沿袭秦制以十月为岁首,年初是冬天),汉武帝"读《子虚赋》而善之"。这"善之"不是一般地认为好,而是惊叹佩服。因为武帝说:"朕独不得与此人同时哉!"过去有崇古的传统,认为优秀的都是古人才能达到的。这里也是以为《子虚赋》是古人所作才这么优异,因而感叹:"我怎么不能和这样的人同时代呢!"不是以为"司马相如和枚乘为同时代人,枚乘既年高老死,司马相如亦当如是"(《司马相如研究》85页)。如果武帝知道相如和枚乘是同时代人,以为他也和枚乘一样老死了,那他就知道相如游梁时事,也就是说武帝知道相如是《子虚赋》的作者,只是以为相如和枚乘一样已年高老死了,那么,"朕独不得与此人同时哉"就成了叹息相如已死的话了。这样,杨得意"臣邑人司马相如自言为此赋"的话就成了牛头不对马嘴的对答了。无论是相如写《自叙》还是司马迁写列传,都不可能写得这么荒唐。实际上是武帝不知道司马相如这个人,更不知道《子虚赋》是相如所作,只是惊叹《子虚赋》是今人难以写出的优异作品才这样说的。所以杨得意告诉他是司马相如所作,武帝就立即决定召见相如问个明白。相如是因《子虚赋》受武帝重视才被武帝征召的。

相如被征召,应该知道是因为武帝被他的《子虚赋》征服了才征召他的,至少老朋友杨得意会捎个信。所以他知道这次一定能以其所长得到武帝青睐。于是他决心再用赋博得武帝欢心。本来相如作赋的价值取向就是使人愉悦(详见第四章第二节),切合其言语侍从身份,就成了讨人欢心。在梁作《子虚赋》就为讨梁王欢心;这次又是武帝被他的赋征服了才征召他的,他必然要考虑用赋讨武帝欢心。所以相如一得知被征召的消息就准备进一步用赋打动武帝。于是开始构思迎合武帝心理的《天子游猎赋》。

司马相如应召出发前的这种心理准备,可以从他题升仙桥市门得到证明。《华阳国志·蜀志》载司马相如"初入长安"时,在成都升仙桥题市门曰:"不乘赤车驷马不过此下。""初入长安"的"初"不是初次,而是刚开始、刚启程。"初入长安"即宋人京镗《驷马桥记》之"发轫趋长安时",是应武帝征召从成都启程往长安时。这时他就抱定了决不能像前次从安汉到长安无功而返、一定要致身显赫的决心和信心。这强烈的自信,就是他启程前已做好用赋征服武帝的心理准备的有力证明。即使所记是虚构,记事者也窥见了司马相如这次往长安前已做好了用赋征服武帝致身显赫的心理准备。

　　行前准备、征途奔走,从得到召命到到达长安大约三四个月。这三四个月都是司马相如构思、修改腹稿的时间。到长安时,《天子游猎赋》应该已经构思成熟了。刘歆《西京杂记》卷二说:"司马相如为《上林》《子虚》赋……几百日而后成",不是空穴来风。因为已经成竹在胸,所以相如一得到武帝询问,就主动自信地回答说,《子虚赋》"乃诸侯之事,未足观也。请为《天子游猎赋》"。这突出主旨的点睛赋题,就是全赋构思成熟的有力明证。于是,他按几个月的构思,把原来夸耀诸侯的《子虚赋》稍作修改,使之结构与后文呼应,内容与后文映衬,作为铺垫;接着就夸耀天子游猎上林,作为新赋主旨。二者形成鲜明而强烈的对比反衬,扫空诸侯豪奢(这是突出主旨的关键,不融入《子虚赋》的内容就没有这效果),而让天子的恢宏气象和雄伟声威独盛于天下。铺垫和主旨是主从关系,不能并列,所以,只有司马相如自报的赋名才是突出主旨的点睛妙题。这样的《天子游猎赋》让好大喜功的汉武帝美滋滋,乐呵呵,飘飘然,官方考核就通过了。所以,"赋奏,天子以为郎"。凭赋被征召,因赋以为郎,所以谓之"以赋为郎"。这年相如四十三虚岁。

　　建元三年,是司马相如获得转机和鸿运的年头,他得到了汉武帝征召,他完成了巅峰之作《天子游猎赋》,他还写成了著名的《谏猎疏》和《哀二世赋》。荀悦《两汉纪·汉纪·孝武皇帝纪》系"郎中司马相如从上猎长杨,长卿上疏曰……"于建元三年,《汉书·东方朔传》也载汉武帝"建元三年……南猎长杨,东游宜春……八九月中……驰射鹿豕狐兔,手格熊罴……举籍阿城以南盩厔以东宜春以西……欲除以为上林苑，属（连）之南山"。这里既说到建元三年八九月中猎长杨、游宜春，又说到决定扩建上林苑，不仅可以证明武帝猎长杨的事确实在建元三年，而且可以看出游猎和决定扩展上林苑很可能是相如上《天子游猎赋》激起了武帝的兴趣有密切关系的事。《谏猎疏》和《哀二世赋》都作于司马相如从武帝猎长杨时，是不争的史实。所以《谏猎疏》《哀二世赋》都作于建元三年是无需争论的。

"《哀二世赋》与《谏猎疏》同时，当作于元朔四年秋"，"《谏猎疏》论者多以为作于建元三年，以与汉武帝微行出猎相关，却有两个要点未曾注意：一是与前所论应召再入长安年代不合，司马相如应召再入长安当在元光元年五月以后，则《谏猎疏》自然在此后。二是不顾本传行文顺序，《谏猎疏》排在元朔中'复召为郎……称病闲居，不慕官爵'之后，就不当断《谏猎疏》作于建元中。在没有确切依据之前，不宜改变《史记》原文顺序"。（《司马相如研究》307、387页）"当作于元朔四年秋"是假想，"两个要点"都成问题。

第一条，"前所论应召再入长安年代""当在元光元年五月"，只是没举论据的假想，不可信，与之不合就不足为奇。不能因其不合而否定正确论断。

第二条，《史记·司马相如列传》云："尝（有的版本作"常"，是"尝"的通假字，"曾经"的意思）从上至长杨猎……相如上疏（即《谏猎疏》）谏之"确实排在"复召为郎……称病闲居，不慕官爵"之后，但是，用"尝（常）"就明明白白表示是追述（补叙）曾经发生的事。语虽在后，事却在前。所以不能因语句在后而说"就不当断《谏猎疏》

作于建元中"。这不是"不宜改变《史记》原文顺序"的问题，而是研究者没读明白《史记》原文的顺序，即没读出那是补叙（追述）的话。

元朔四年（公元前125年），虽有汉武帝"行幸甘泉"的事，但甘泉在今陕西淳化县西北，长杨在今陕西周至县东南，一南一北相距甚远。不能把两地两事混为一谈。这是从武帝游猎方面说。从司马相如方面说，元朔四年相如已年老且病，生理上已无随从武帝打猎的体能了；正值相如"失官"之后，"称病闲居"之时，心理上也无随从武帝打猎的激情了。而建元三年，正是相如应武帝征召"以赋为郎"之时，又才四十出头，体力激情都正旺盛。而且武帝很可能是因为相如应召所奏《天子游猎赋》激起游猎和扩展上林苑兴趣的，出猎时自然要带上司马相如。所以建元三年从武帝游猎长杨，远比元朔四年从猎可信。

所以，司马相如从武帝猎长杨在建元三年，作《谏猎疏》《哀二世赋》都在建元三年。

司马相如应武帝征召，虽然仍然只是"为郎"，但前后两次"为郎"不可同日而语，有着天渊之别。因为这次是以赋为郎，也就是以才为郎，是凭文学才华成为"郎"的，进而展现出政治才能。以资为郎，景帝就并不了解相如的文学才华，就让才子当近侍保镖；以赋为郎，武帝已深知相如的文学才华，就让才子当言语侍从。两次仕宦，起点就大不一样。

班固《两都赋·序》："至于武、宣之世，乃崇礼官，考文章，内设金马、石渠之署，外兴乐府、协律之事，以兴废继绝，润色鸿业……故言语侍从之臣若司马相如、虞丘寿王、东方朔、枚皋、王褒、刘向之属，朝夕论思，日月献纳；而公卿大臣御史大夫兒宽、太常孔臧、大中大夫董仲舒、宗正刘德、太子太傅萧望之等，时时间作。"这不仅证明司马相如这次"为郎"是充当言语侍从，而且透露出言语侍从不被班固这样的权势人物所重视。所以都是作文的人，却言语侍从和公卿大臣的壁垒分明。

作为言语侍从，虽无权柄在手、无权势炫人，但对司马相如来说，却刚好能施展所长。看一下《史记·司马相如列传》就知道了。熔入《子虚赋》的《天子游猎赋》（今见《子虚赋》《上林赋》）《喻巴蜀檄》《难蜀父老》《谏猎疏》《哀二世赋》《大人赋》《封禅书》，相如的所有不朽杰作几乎都成就于这次被征召及以后。文学宗师由此产生。这是多么非凡的事！

作为言语侍从，虽无权柄在手、无权势炫人，却容易接近皇帝，容易得到皇帝顾问的机会，更何况司马相如不是一般言语侍从，而是武帝倚重的言语侍从。《汉书·淮南衡山济北王传》说："时武帝方好艺文，以（刘）安属为诸父，辩博善为文辞，甚尊重之。每为报书及赐，常召司马相如等视草乃遣"，就证明了这点。那么，相如更容易得到顾问机会。果然，关于是否通西夷决策难定时，"天子问相如"。这次顾问，武帝对相如的回答"以为然"，认为正确，"乃拜相如为中郎将，建节往使，副使王然于、壶充国、吕越人，驰四乘之传，因巴蜀吏币物以赂西夷。至蜀，蜀太守以下郊迎，县令自负弩矢先驱，蜀人以为宠。于是卓王孙、临邛诸公皆因门下献牛酒以交欢。卓王孙喟然而叹，自以得使女尚司马长卿晚，而厚分与其女财，与男等同"。（《史记·司马相如列传》）司马相如终于权柄在手，权势熏人，名利双收，达到他人生最富有最显贵的巅峰境地。这次顾问使司马相如得以展现的政治才能且待后叙。

通西南夷是司马相如一生参与的唯一一项施政大事，也是相如以赋为郎所做的两项大事——著赋文、通西夷之一。因此有必要述说。

通西南夷的"通"包括两件事：一是拓疆，就是使西南夷的人归附汉朝廷，使西南夷的地归属汉疆域；二是治道，就是开通从蜀地接牂柯江水路的陆路和蜀地通往邛都（今西昌）的道路。这在通西南夷当时的史书《史记》中是区分得很清楚的。

叙述事前预定目标就很清楚。唐蒙向武帝建议、武帝采纳建议、任命唐蒙实施的通南夷的目的，就是要从蜀地通过牂柯江直达番禺（今广州）城下，去控制南越。《史记·西南夷列传》载，唐蒙出使南越时得知"道西北牂柯，牂柯江广数里，出番禺城下"。归至长安，又从蜀贾人询得"夜郎者，临牂柯江，江广百余步，足以行船"。于是，"蒙乃上书曰：'……今以长沙、豫章（今南昌）往（南越），水道多绝，难行。窃闻夜郎所有精兵可得十余万，浮船牂柯江，出其不意。此制越一奇也……上许之"。这就明确了通南夷是因为湖南、江西境内水流都属长江水系，河水都向北流入长江，不能直接通达广州；而从牂柯江可直接到达"番禺城下"，所以浮船牂柯江直达广州是控制南越的一条奇策。这就是说，把"夜郎西僰"纳入汉朝疆域（拓疆）的目的，在于从蜀地修陆路（治道）去接牂柯江水路，以利直达番禺，控制南越。这事前预定目标就明确把通西南夷分述为拓疆和治道两件事。

记载事中实施进程也很清楚。《史记·西南夷列传》："(唐蒙)从巴蜀筰关入,遂见夜郎侯多同……还报,乃以为犍为郡。发巴蜀卒治道,自僰道(修路)指(直达)牂柯江。"明确说唐蒙招抚了南夷,回长安复命,等朝廷将南夷设为犍为郡之后,征发巴蜀人治道,从僰地修路直达牂柯江。拓疆与治道之间,有唐蒙回长安、等待朝廷设置郡县委任官吏之后、再返回巴蜀这么一段时间间隔。同传又说:"当是时,巴蜀四郡通西南夷道,戍转相饷。数岁,道不通,士罢(疲)饿离(遭遇)湿,死者甚众;西南夷又数反,发兵兴击,耗费无功。"是"通……道""道不通",即修路,路不通,而累死人众,耗费无功;不是拓疆不成功,而累死人众,耗费无功。《史记·司马相如列传》:"唐蒙使略通夜郎西僰中,发巴蜀吏卒……","唐蒙已略通夜郎,因通西南夷道,发巴蜀广汉卒,作者数万人治道,二岁,道不成,士卒多物故,费以巨万计",两处都先叙拓疆,后叙"发巴蜀卒"。后句有"已……因(于是)",更明确是已拓疆,于是发卒治道。"已略通夜郎"再"发巴蜀广汉卒",正是因为征发人不是去打仗拓疆而是为治道——去修从僰地到牂柯江的路。通南夷是先拓疆后"通……道",通西夷亦然。《史记·司马相如列传》:"司马长卿便略定西夷,邛、筰、冉、駹、斯榆之君皆请为内臣,除边关,关益斥,西至沫、若水南至牂柯江为徼(边界);通零关道、桥孙水以通邛都(今西昌)。"也是先拓疆,后"通零关道、桥孙水以通邛都"。《史记·平准书》:"唐蒙、司马相如开路西南夷,凿山通道千余里……巴蜀之民罢(疲)焉。"在西南夷境内"开路""通道",就是"通西南夷道"。《难蜀父老》中蜀父老非议的也是"通夜郎之途"。《史记·平津侯主父列传》说"是时通西南夷道",也是"通……道"。《史记》的有关记载都明确区分出拓疆和治道、通……道,都明确说征发民众,劳民耗费,引起民怨,是治道造成的。

《汉书·武帝纪》"(元光五年)夏,发巴蜀治南夷道",也是"治……道",《汉书·食货志下》也说"时又通西南夷道"。可是,《汉书·公孙弘卜式兒宽传》记公孙弘事沿用《史记·平津侯主父列传》中"是时通西南夷道,置郡,巴蜀民苦之"语句,却成了"时方通西南夷,巴蜀民苦之",别的文字变动都无碍,而去掉了"道"字就把通西南夷和通西南夷道混为一谈,笼统说成通西南夷了。此后,几乎所有史书和论著都不区分拓疆和治道,笼统说通西南夷,好像从元光年间开始,一直在征发巴蜀民众到西南夷打仗,直到元朔三年秋才休战;好像通西南夷就只是为占领西南夷这块疆域,好像只是为"开边"弄得劳民伤财,民怨沸腾。混淆拓疆与治道,造成彻头彻尾的错误:通西南夷的拓疆全进程根本就没有打仗。这就是笼统说通西南夷所致。

通西南夷的拓疆一事,分别由唐蒙和司马相如两人在两地完成,言拓疆时不宜在两人名下都笼统说通西南夷。南夷就是唐蒙所通"夜郎西僰"。夜郎是以今遵义为中心的今贵州北部,僰地是今四川宜宾市境域和今贵州西部、云南东北。西夷就是相如所通"邛、筰、冉、駹、斯榆"等地,指今四川邛崃山、大渡河(沫水)、雅砻江(若水)至昆明(此次未到)一带。《史记·西南夷列传》:"乃拜唐蒙为郎中将(《司马相如列传》作'中郎将'),将千人,食重万余人,从巴蜀筰关入，遂见夜郎侯多同。蒙厚赐，喻以威德，约为置吏，使其子为令。夜郎旁小邑皆贪汉缯帛，以为汉道险终不能有也，乃且听蒙约。还报，乃以为犍为郡。"看吧，使南夷人归附汉朝廷使南夷地归入汉疆域，不是通过征服，而是进行招抚，是用利诱（"厚赐"）、恐吓（喻以威）、说服（喻以德）、封官（使其子为令）等手段，迎合夜郎侯父子都当官发财和"旁小邑"人"贪汉缯帛，以为汉道险终不能有"（幻想既得赏赐又不被占领）的心理，轻轻松松就获得了南夷这片广大的疆域。取西夷比取南夷更轻松："是时邛、筰之君长闻南夷与汉通得赏赐多，多欲愿为内臣妾，请吏，比南夷。"（《史记·司马相如列传》）"使相如为郎中将往喻，皆如南夷，为置一都尉十余县，属蜀。"（《史记·西南夷列传》）"乃拜相如为中郎将，建节往使……因巴蜀吏币物以赂（收买）西夷""司马长卿便略定西夷，邛、筰、冉、駹、斯榆之君皆请为内臣。除边关，关益斥，西至沫、若水，南至牂柯为徼（边界）。"（《史记·司马相如列传》）通西夷是在西夷诸君长受南夷归附得赏赐多的影响而盼望归附的前提下，用钱物收买的手段招抚，完成西夷拓疆一事的。南夷和西夷的拓疆目标都是用招抚手段轻松达到的。根本没有打仗，当然就不可能引起民怨。

　　治道的情况就复杂多了。首先，治道比拓疆何止艰难千倍万倍。"自僰道指牂柯江"，就是从今四川宜宾境域修路直达牂柯江，这是南夷道。牂柯江在哪里，向无定论。从汉代到现在，没有发生过使江河改道的地质巨变，因此汉代和现在的水系不可能不同。所以，可以根据水系推断牂柯江即今北盘江，是离蜀地最近、能顺流直达番禺（广州）的唯一河道。那么，上述南夷道是从今宜宾市境内到今贵州西南接北盘江的陆路。西夷道是"通零关道、桥孙水以通邛都"，就是在今川西雅砻江、大渡河流域修路到今西昌。南夷道、西夷道所经地方都是高山深谷。当年又不可能像现在隧道连高桥，只能盘旋环绕。这治道与拓疆的难易之别、所需人力财力多寡之差，岂止天渊！所以大量征发人力财力，还"二岁，道不成"，"三年于兹，而功不竟"，"数岁道不通"，以至巴蜀人民怨沸腾，"西南夷又数反"，直到六年后停工也没有修好。

其次，南夷道和西夷道的重要程度相去甚远，实施情况也大不一样。从夷人"以为汉道险终不能有"（即认为汉人因夷地道险终不能占有）的心理，就知道在西南夷治道有强化对西南夷统治的作用，这是南夷道和西夷道相同的。从唐蒙所言通南夷的目的，可知治南夷道更有从牂柯江去控制南越的战略意义，而西夷道主要功效是强化对西夷的统治（这时尚未明确通身毒）。西夷道就显得比南夷道次要了。所以《史记》的《西南夷列传》和《司马相如列传》中关于通西南夷道及其引起巴蜀民怨夷人数反的记载都主要集中在通南夷道；后来罢西南夷，《史记·西南夷列传》也只说"上罢西夷"。南夷道既重要，又在新设的犍为郡修建，新设郡的长官无法征调巴蜀吏民，所以由朝廷使臣唐蒙负责修建。西夷没有新设郡，而是"属蜀（郡）"。西夷道既不如南夷道重要，又是在"秦时常頞略通五尺道"（《史记·西南夷列传》）的基础上复通，蜀郡长官也能够统筹郡内新旧疆域间的事，所以司马相如通西夷后并没接着负责实施通西夷道的事。"通零关道、桥孙水以通邛都"虽写在相如"还报"前，却应是就通西夷由拓疆转入"通……道"而言，不是说司马相如已完成通西夷道，通西夷道至"罢"也没完成。通南夷道是从四郡大量征发人力财力，实行军事化管理，军法从事强力推进的；而通西夷道，《史记》只提到为止，大概是由蜀郡量力而行、渐进实施的。《史记·索隐》云"相如卒开僰道通南中"，不可信。

《史记·西南夷列传》明确是"罢西夷"，《史记·平津侯主父列传》载公孙弘"愿罢西南夷、沧海而专奉朔方。上乃许之"。这"许之"的对象就包括西南夷和沧海，不止于西夷，泛而不确切。《汉书·武帝纪》是"罢西南夷"。大概明确宣布的只是罢西夷，实际上这些恃险割据的边地一放松控制就等于"罢"了。而且，原本只想停止修路，却渐至松驰统治甚至丧失统治，而"独置南夷夜郎两县一都尉，稍令犍为自葆就"。"罢"的实质是战略和财力转移。《史记·平津侯主父列传》说是为了"专奉朔方"，是由多方使用人力财力向集中对付匈奴的战略和财力转移。《史记·司马相如列传》也说是为了"专力事匈奴"。《汉书·武帝纪》也说"罢西南夷，城（筑）朔方城"。这些都是说把西南修路的财力转移到北方去筑城。所以准确说，罢西夷或罢西南夷，是罢西南夷道。西南夷道有强化对西南夷统治的作用，因此罢西南夷道也就引起松弛以至失去对西南夷的统治，就成为罢西南夷了。罢的根本原因是，经由牂柯江去控制南越是进取计，放弃也不威胁长安；修筑朔方城以抵挡匈奴是防御计，不筑会威胁长安。功用、缓急相去甚远。仅就南夷道和西夷道而言，西夷道不如南夷道重要（见前文）。所以开边意浓的武帝只愿意暂停修西夷道，只公开宣布"罢西夷"。

通西南夷的时间推论。《史记·司马相如列传》："（唐蒙）发巴蜀吏卒千人，郡又多为发转漕万余人，用军兴法诛其渠帅，巴蜀民大惊恐。上闻之，乃使相如责唐蒙，因喻巴蜀民以非上意……相如还报，唐蒙已略通夜郎，因通西南夷道……二岁，道不成。"这就是说司马相如写作并传达《喻巴蜀檄》回朝廷复命这年，是唐蒙通南夷道第二年。所以，说"相如出使（喻巴蜀）应在'通西南夷道，发巴蜀广汉卒，作者数万人'之前"（《司马相如研究》349页）是错误的。相如往返长安、巴蜀间在同一年春夏两季（巴蜀的主要农作物是水稻，《喻巴蜀檄》中的"方今田时"当指水稻栽插季节，即刚入夏时相如在成都）。这就是说相如责唐蒙、喻巴蜀这年是唐蒙通南夷道的第二年。《资治通鉴·世宗孝武皇帝》云："元光五年……使司马相如责唐蒙等。"据此，元光五年是唐蒙通南夷道的第二年。这很合情理。"巴蜀民大惊恐。上闻之，乃使……"，是民怨沸腾到惊动了皇帝才使人责、喻的。民怨有个日久渐生、渐久渐深的过程。一年又一年，民怨才这样沸腾，才派相如往喻。但这次喻巴蜀效果甚微，并没有平息民怨，也没有停止征发。《汉书·武帝纪》："（元光五年）夏，发巴蜀治南夷道。"这不是开始征发人治道，是增派人或轮换人的征发，但征发仍在进行，民怨也就没有平息。所以这年秋季又派公孙弘到巴蜀视察。公孙弘视察西南夷道（实只南夷道），在他"为博士"当年，即元光五年。这年先下诏征文学，再由菑川国推举，又在太常处对策，最后经武帝复核再授职，就需要经历若干月。所以公孙弘往巴蜀视察一定在司马相如喻巴蜀后。《难蜀父老》写明通西夷在"汉兴七十有八载"。古人记年有按虚岁计的习惯，所记年数是"第……年"的意思。我们应按古人这习惯去读，不能自以为是虚岁就是虚岁，自以为是周年就是周年，那就只有信口雌黄了。所以"'汉兴七十有八载'应取周年计算"（《司马相如研究》）379 页）的断言不当。《司马相如研究》的作者提出"具体年份"应按虚岁计，"具体年数"应按周年计。司马相如写"汉兴七十有八年"，是作"……于是……因……"三个分句的句前时间状语，不是要告诉读者汉朝兴起已有的"具体年数"，而是告诉读者他在汉朝呈现出"群生澍濡"、威德"洋溢乎方外"的兴盛局面的背景下奉诏招抚西夷的"具体年份"，更是告知他"西征"（通西夷）、"东向"（将还报）和写作《难蜀父老》（真实的写作时间在"西征"前夕，详见第五章第三节）的"具体年份"，绝不是说他奉使通西夷和写作《难蜀父老》的"具体年数"。两件事都在同一年完成，"具体年数"为一。《司马相如研究》的作者所立标准和所作计年自相矛盾。所以这"汉兴七十有八载"也就是汉朝兴起的第七十八年，即元光六年。《难蜀父老》中假托蜀父老说："通夜郎之途，三年于兹，而功不竟。"就是说元光六年是通南夷道的第三年。再从时间推算看，相如喻巴蜀在元光五年初夏，夏末或秋初才能回到长安。"是时邛、筰之君……多欲愿为内臣妾，请吏，比南夷"，"乃拜相如为中郎将，建节往使"（《史记·司马相如列传》），夫招抚西夷。"相如使时，蜀长老多言通西南夷不为用，唯大臣亦以为然"，这是说相如往蜀时公孙弘已回长安。公孙弘元光五年秋去视察，元光六年冬（当时沿袭秦制以十月为岁首）才能回到长安。相如到蜀应在元光六年春夏之交。相如在西夷之君早已想归附的前提下使巴蜀官吏用钱物去收买，招抚西夷费时必然不多，最迟当年秋天就能"还报"。"东向将报，至于成都"，在元光六年（公元前129年）无疑，正与文中所记吻合。这也证明"汉兴七十有八年"指元光六年无疑。汉朝兴于公元前206年，第七十八年就是公元前129年，武帝元光六年。看吧，元光五年，说"二岁，道不成"，是通南夷道的第二年；元光六年，说"三年于兹，而功不竟"，是通南夷道的第三年。这时间表述多么准确而严密！

而《司马相如研究》以"（元光五年）夏，发巴蜀治南夷道"为论据，说："'因通西南夷道'开始于元光五年（夏）……'治道二岁'就在元光六年……而始'通西南夷道'之元光五年后三年，则在元朔元年。"（379至380页）这是站不住脚的。本段开头所引《司马相如列传》文字明确了相如喻巴蜀是在唐蒙"因通西南夷道……二岁，道不成""巴蜀民大惊恐，上闻之"以后，是因通南夷道大量征发巴蜀吏民，日久怨深，民怨沸腾到惊动了皇帝后的事，不是一开始修路就派相如责、喻。《司马相如研究》的作者也说"司马相如喻巴蜀在元光五年春夏间"（《司马相如研究》106页）。从长安到成都约需三个月，则惊动皇帝而派相如往喻在元光五年春季以前，怎么又说"'因通西南夷道'开始于元光五年（夏）"，岂不是还没开始征发吏民就"巴蜀民大惊恐"以至惊动皇帝了？这和"相如出使（喻巴蜀）应在'通西南夷道，发巴蜀广汉卒，作者数万人'之前"（《司马相如研究》349页）一样，把前后弄颠倒了，成了因果倒置。所以"'因通西南夷道'开始于元光五年"也是错误的，再以此推断"二年""三年"为何年，就只有相应错下去。

第二章 生平撮要

所以，元光五年为通南夷道第二年，元光六年为通南夷道第三年，是对通西南夷时期计年的关键性时间点。以此推算，通南夷道开始于元光四年。前已论及，唐蒙是招抚夜郎西僰后，回到长安复命（"还报"）、等待朝廷设置郡县委任官吏等一切决定作出、手续办好，才又重返巴蜀征发吏卒开始通南夷道。唐蒙从一次离长安到二次抵成都，少不了一年，则招抚南夷之事最迟在元光三年。

司马相如出使通西夷，达到他一生最显贵最富有的巅峰。不久就被人告发"使时受金"，即通西夷时受贿，于是被罢官。景帝时求官得个汤手的山芋，这次又落得个罢官的下场。相如对官场灰心了，从此"未尝肯与公卿国家之事，称病闲居，不慕官爵"。此后直到退居茂陵病死，只做了个"文园令"的小官。

建元三年，公元前138年，相如应武帝征召，从成都到长安，作《天子游猎赋》（今见《子虚赋》《上林赋》）；跟从武帝猎长杨、游宜春，作《谏猎疏》《哀二世赋》。

元光三年，公元前132年，相如为郎六岁，唐蒙招抚南夷。汉朝把南夷设为犍为郡。

元光四年，公元前131年，唐蒙开始通南夷道。

元光五年，公元前130年，司马相如撰写并传达《喻巴蜀檄》。公孙弘视察通南夷道。

元光六年，公元前129年，司马相如著《难蜀父老》，出使招抚西夷，规划决定通西夷道。

第三章　风流才子

　　司马相如作为风流才子，首要方面当然是文采风流。司马相如的大赋对整个中国文学发展影响巨大而深远，他的抒情赋对后世诗文影响也很深远，他在文字学、音乐等方面也成就斐然。因此，司马相如不仅被称为"辞宗""赋圣"，甚至被誉为"古今文人，独一司马相如哉！"（侯一元《戒弟书》）可见其文采风流，千古流芳。因下章有专论，故此章仅就其侍从本色、情场风流、名上风流等方面展开。

第一节　侍从本色

　　风流才子不同于谨严国士（治国的人）。后者脚踏实地，建功立业；前者任性放诞，以才侍人。所以风流才子的特点之一是侍从本色。司马相如作为风流才子，其侍从本色就体现在言语侍从是他一生最根本的角色。古人所谓"言语侍从"，即近代人所谓御用文人，是凭文学才华侍从人的人。司马相如是典型的御用文人，充分体现出风流才子的侍从本色。

　　首先从出处大节看相如的侍从本色。相如第一次出仕，景帝不知道他是风流才子，让他当个"武骑常侍"，没有让他成为言语侍从。武骑常侍"非其好也",他就离汉景帝随梁孝王去了。之所以离皇帝从诸侯,是因为梁地在当时是文士渊薮,梁孝王让他"与诸生游",他能成为言语侍从之一员。相如第二次出仕,是因《子虚赋》被征召,因《天子游猎赋》而"为郎",成为班固《两都赋·序》首举的"言语侍从",并以此终身。这一生出处大节就充分体现了相如的侍从本色。

再从事人行为看相如的侍从本色。相如事梁王,从归依梁孝王到梁孝王死,相如绝没有像羊胜、公孙诡、邹阳等人那样介入梁王的政治活动甚至机密事宜,而只是仅仅作个文人食客、言语侍从。相如事武帝,尽管从成都往长安出发前就抱定必乘赤车驷马的决心和信心,实际上并没有一次主动向武帝建言献策(《难蜀父老》主要是为远害)。通西夷虽是他显赫一世的政治作为,也是被武帝咨询才对答,被武帝任用而施为。没有主动创造机会甚至没有主动捕捉机遇,去建功立业。唯一说得上主动建言的,是留到身后由文君代奏的《封禅书》,也不为有机会建功立业了。史书所载他主动所为的,只是主动作《天子游猎赋》,主动作《谏猎疏》《哀二世赋》,主动作《大人赋》,主动作《封禅书》等,都是言语侍从所为事。招抚西夷后失官,就更是"未尝肯与公卿国家之事,闲居称病,不慕官爵"了。可见相如事武帝,始终只是以文才侍人。姚铉《唐文粹·序》说:"至若严助、徐乐、吾丘寿王、司马长卿辈,皆才之雄者也,终不得大用,但侍从优游而已。"这也是说相如事武帝,只是以才侍人。这是他事人所为,再看他侍人如何为。迎合君王所好,粉饰君王所为,即历来被责难的"逢君之恶"。逢迎讨好,就是相如侍人的做法。这看似一个缺点，实际上只是一个特点，不是优点，也不是缺点。因为以才侍人与以色侍人，都身份地位卑微，不能支配人，而是被人支配，能不迎合主人吗？虽"恶"也必须逢迎。所以作为言语侍从，"逢君之恶"是不可能避免的，只是其特点之一，无所谓优点缺点，不适宜苛求责备。而且，责难者具体所指，未必真是。比如相如主张通西南夷，就不是"逢君之恶"。因为通西南夷不是"恶"而是善。相如主张通西南夷，就不是逢君之恶，而是助君之善；而且是伸张自己的主见，不同于逢人所好。相如一生侍人行为，充分体现出他的言语侍从本色。

再从为文特点看相如的侍从本色。后人所谓"润色鸿业，歌功颂德"，正是由其言语侍从角色去理解认定的相如为文的功用。"润色鸿业"体现言语侍从的帮闲作用，"歌功颂德"表明言语侍从的身份角色。相如大赋，内容虚构夸饰以娱帝，语言堆砌藻饰以逞才，也体现出言语侍从、风流才子的习气。相如大赋以给人愉悦为价值取向（参见第四章第二节），作《子虚赋》讨梁孝王欢心，作《天子游猎赋》讨汉武帝欢心，也是其言语侍从角色使然，也体现出相如风流才子的侍从本色。

再从对待言语侍从身份和生活的态度看相如的侍从本色。同为武帝言语侍从的枚皋"自悔类倡"（《汉书·贾邹枚路传》），后世也有人惋惜司马相如处于言语侍从境遇是被武帝"俳优蓄之"，为之不平，而相如却始终以平和心态泰然处之。这更说明司马相如具有侍从本色。

司马相如的这种风流才子的侍人本色有失也有得。言语侍从之所失，就是侍人而难展经世之才，难建垂世之功。相如在梁,只侍从优游而已,不预政事,"宦游不遂"(《史记·司马相如列传》);事武帝,最受倚重之事也不过"视草"、咨询而已。因与武帝见解、主张相同而为中郎将招抚西夷,也只是小试牛刀,就再也没有机会施展政治才能,建立治世功业。所得在于既避免了官场凶险又成就了文坛地位。吴质《答魏太子笺》云:"其唯严助、寿王,与闻政事,然皆不慎其身,善谋于国,卒以败亡,臣窃耻之。至于司马相如,称疾避事,以著书为务,则徐生庶几焉。"秦观《石度论》谓武帝"左右亲幸之臣,而亦多以罪诛。唯相如称疾避事,朔、皋不根持论,以此获免。"王世贞《文章辨体汇选》卷三百七十六《书司马相如传后》说:"使小与公卿国家之事,而取通侯之印,拥公卿之组,固不难其与主父、买臣、严助辈骈首于东市。"这些都是说安于言语侍从角色才避免了官场凶险,得以安享天年。相如安于言语侍从角色,不仅"以著书为务",成为了"西汉文章两司马"的汉代首屈一指的文学家(司马迁主要是史学家),而且,根于其侍从本色,才以艺术愉悦为大赋的价值取向(写作目的),从而一变中国文学言志美刺的价值取向,创造了大赋这种纯艺术(唯美)的文学,成为了辞赋之宗;开启了全方位本质性的文学变新,成为了文变之祖;对中国文学发展做出了不朽贡献,并获得了崇高地位。(参见第四章第二节)这是更重要的所得。

  侍从本色使司马相如成为了汉代文学成就最高的人,成为了中国文学发展史上开启中国文学成熟进程的第一人(详见第四章第二节)。

第二节　情场风流

司马相如与卓文君的风流韵事，是千古不衰的风流话题和文学题材，"没有任何一种历史上的题材可与之相比"。后世以之为题材的戏剧、小说，而今可知者就达近百种之多，以之为题材的诗歌更难以数计，足见其影响巨大。但细读本传，尚有迷雾，还需探讨。

由临邛令王吉暗中撮合，就是迷雾。相如、文君本是自主结合。当时不仅巴蜀尚未被文翁教化，而且全社会也还重黄老，儒家思想还不是统治思想，自主结合还能被人们容许，也就能相安无事。相如写《自叙》时，社会已进入"独尊儒术"的时期。这自主结合就不符合当时的世俗观念，不合乎儒家礼教，于是虚构王吉撮合为之贴上符合当时礼俗的标签，以便名正言顺地自叙。不料贴这标签既存在困难又带来后患。如果让王吉作明媒，直接撮合，那么，相如、文君自主结合的真相和实质就改变了。因为这困难，只好让王吉暗中撮合。这样就有了"临邛令谬为恭敬""相如谬与令相重"等两人串通制造假象的记叙。这就成了王吉和相如以假象诱使，以县令权势迫使，卓王孙不得已才宴请相如及县令，才为相如琴挑、文君相悦搭建起平台。这样虚构人物和情节，虽避免了改变自主结合的真相和实质，却带来了两方面的问题：一是损害了自主结合的事件性质及人物形象。清人姚苎田《史记菁华录》卷五云："相如文君，千古之佳丽也，使以令为媒，以势相合，以利相随，则亦贾儿贩妇之常径耳，何以见两人之自具锦心，自留青眼乎？彼挑此奔，所

第三章 风流才子

以明此段风流绝不缘势利作合耳。"这就明确指出,虚构王吉撮合,就使相如、文君的自主结合与权势利益纠结在一起,变成了"贾儿贩妇之常径"。成了贾儿贩妇之常径,当然合乎当时礼俗了,但是,相如和文君就都不"自具锦心""自留青眼"了,人物形象被大大损害了,风流韵事也就被扭曲了。二是虚构王吉暗中撮合而成了王吉和相如串通制造假象去诱引,加之县令的权势迫使,卓王孙只好宴请相如,为相如琴挑、文君相悦搭建平台。这样就容易被人认为相如和临邛令串通一气共同设计诱得文君,由此获取卓王孙钱财。于是导致自扬雄《解嘲》、刘勰《文心雕龙·程器》以来的"窃赀""窃妻"等千古骂名。窃妻之说还有后人以儒家礼教尺度衡量的因素,窃赀之说就只因虚构了王吉及相关内容。所以虚构的临邛令王吉以及与之相关的情节成为了窃赀、窃妻的口实。《苏轼文集》卷六十五说:"司马相如归临邛,令王吉谬为恭敬,日往朝相如。相如称病,使从者谢吉。及卓氏为具,相如又称病不往,吉自相迎相如。观吉意,欲与相如为索钱之会耳。而相如遂窃妻以逃,大可笑。"这里用"窃妻"耻笑相如,未说其证据,实是维护儒家礼教而言;而说"窃赀"就不是仅仅利用扬雄的老话,而是抓住王吉和相如制造假象诱导卓王孙的文字立言的。显而易见,本传中王吉及相关情节有损相如、文君风流韵事的真相和实质,是为贴一张符合当时礼俗的标签而虚构出来的,并非真有其人其事。相如在临邛卖酒,再不见王吉相助,也可见其本是虚构。这虚构的内容无益有害,成了认识相如、文君风流韵事的迷雾。宋人刘辰翁就曾说,相如"素与临邛令王吉相善""本是一段小说"。这说法是很有见地、很有道理的。

王吉其人本就无案可稽，借地方长官撮合不过显得相如、文君故事"光明正大"而已，不料惹来这么多麻烦。

司马相如父辈和卓王孙可能在迁徙巴蜀途中就早已熟识。相如从梁地回到安汉，"家贫无以自业"；卓王孙已由远道而来的"迁虏"变成了遐迩闻名的豪富。这会使相如觉得临邛地方谋生较易。既为了遣烦闷也基于觅生路，于是相如前往临邛旅居于前辈熟识的卓王孙家里。到了卓家，一见到绝色美女卓文君，相如就把来此的意向抛到九霄云外去了。风流才子，绝色佳人，相见倾心，相知难舍，一琴挑，一夜奔，绝不与权势财利相关，完全是才子美女自主结合的风流韵事。这事本身是纯情的、纯洁的。借县令造势，不过显得"正当堂皇"一些而已。却落得"窃妻""窃资"的骂名。

相如已"家贫无以自业"，仍"从车骑，雍容闲雅甚都"，风流倜傥，文雅潇洒。由此可见一个活脱脱风流纨绔子的形象。风流才子见到绝色美女，自然会倾心爱恋。因而千方百计寻找机会以琴挑之，又"使人重赐文君侍者通殷勤"，这些都是风流才子之举。文君为何夜奔相如？一则见相如"从车骑，雍容闲雅甚都"；二则相如"弄琴，文君窃从户窥之，心悦而好之，恐不得当也"，不仅心悦而好之，还担心自己配不上；再加上"侍者通殷勤"，于是"文君夜亡奔相如"。看，这才是风流才子多情多艺倾心绝色美女、倾国女子知音多情主动委身风流才子的风流韵事的真相。这才是相如、文君自主结合的本来面目。这里抛开了临邛令王吉，也就绝无权势利益左右。琴挑凭才艺，夜奔由爱悦，本不关势利，怎能说窃资？琴挑虽是因，夜奔却主动，知音相许，"恐不得当"；文君当垆，相如涤器，同心共苦，相濡以沫,一往情深,忠贞不渝,怎能说窃妻?司马相如从心灵深处倾动文君的,既凭风流才子的貌,更凭风流才子的才。"使人重赐文君侍者通殷勤"只是一点促进因素而已。所以相如、文君之事,是风流才子、知音佳人情意相投、两心相许铸就的风流韵事、千古佳话。无怪乎在千古流传过程中,大多赞之颂之,甚至模之范之。

从相如、文君两人间,不能说窃妻。所谓窃妻,是后人按儒家礼教,先认定文君在家该从父的理论立言的。相如、文君未经卓王孙认可就自主结合了,就算是相如从卓王孙名下窃走了卓文君,就是窃妻。这在不拘礼俗(参见下节)的相如眼中心中自然不以为然。事发当时的世人也不以为然。因为相如文君自主结合在景帝时期。那时社会的统治思想不是儒家思想,而是黄老思想。别说在尚未被文翁教化的巴蜀,就是在京畿,那时人们也不会以儒家礼教为言行准则。卓王孙说"不分一钱"只是因为"女至不材"。从后来"厚分与其女财,与男等同"看,是因为相如当时落魄,文君以豪富家女而爱一落魄人,是"至不材"。归根到底,只是嫌相如落魄而已,不是以儒家礼教眼光看待。这当然能代表当时人的眼光。所以窃妻之说完全是后人用儒家礼教的尺度去衡量前人的事,无疑是对前人的苛责。

风流才子、知音佳人的自主相爱,也是违背"父母之命、媒妁之言""在家从父"等儒家礼教规范的。加之有相如和王吉串通一气以假相诱使以权势迫使卓王孙的文字,囿于儒家礼教的人们自然会对相如、文君的风流韵事加以责难。到了儒家礼教愈趋严苛的宋代,就由责难而至于诟詈。而历代逆世俗、反礼教的人们则赞之颂之,以至模之范之。

这些都是所谓仁者见仁，智者见智。真相既在，就不会无人褒，也不怕有人贬，更不必强人从己。不过，与随着儒家礼教愈趋严苛，人们对相如、文君情事由责难而至于诟詈不同的是，时至当今，部分人对相如、文君之事的态度并没有随儒家礼教的愈被鄙弃而趋于认可，还有人用儒家礼教眼光去看待相如、文君的风流韵事而予以嘲讽。这也确实太陈腐了。

司马相如在情场的风流才子心性，不仅表现在生活中，而且反映在作品中。

汉赋分为体物骋辞的散体赋和抒情刺世的骚体赋两种，虽后者兴于汉初，前者稍后产生，但不是变骚赋为大赋，骚赋并没有被大赋取代。这两种赋并存，相如就兼工而别用之，以大赋体物骋辞，以骚赋抒情写意。相如的抒情赋中也体现出他在情场的风流才子心性。

元人祝尧认为《长门赋》是司马相如赋"最杰出者"（《古赋辩体》卷四），清人王世贞说："国风好色而不淫，小雅怨诽而不乱，《长门》一章，几乎并美。"（《艺苑卮言》卷一）《长门赋》能得这样高的评价，就在于赋中思想感情细腻真切，缠绵悱恻，哀婉凄艳，动人心魄。这感人效果，正得力于司马相如在情场的风流才子心性。有其风流才子多情善感的心性和文学侍从与侍帝后妃相似的人生体验，才能细致入微地深刻体会到并真切抒写出，失宠皇后那借景遣愁愁更愁的生活境况和怨君、盼君、遣愁、责己、梦君、绝望，但仍不忘君的复杂心理。所以清人张惠言《十七家赋钞》中《长门赋》首批说："此文非相如不能作。"只有凭借相如的风流才子、言语侍从的心性和体验，只有在相如情场风流和言语侍从的生活基础上,才能达到这样的情感境界和艺术造诣。有人说这赋是伪托相如的作品,纵为伪托,也托人得当。

再说《美人赋》。宋人章樵《古文苑注》卷三说:"美人者,相如自谓也。诗人骚客所称美人,盖以才德为美,相如乃托其容体之都冶以自媚于世,鄙矣。""美人者,相如自谓也",很有见地。后面的话却欠妥。《美人赋》虽似模拟,或属点石成金。赋以艳遇美人为比兴,而以"秉志不回"即坚守高洁品质不移易为主旨。主角不是好色不好色之人,也不是所写艳遇中的美人;而是一个秉性存志高洁并能守志不移的美人,也就是"以才德为美"的"诗人骚客所称美人",也就是写司马相如自己。赋中写"司马相如美丽闲都",只是用来引出"邹阳潜之"而已,不是"相如乃托其容体之都冶以自媚于世"。此不赘述。这里要说的是,赋中对作为比兴的艳遇和美人的描写,既有相如琴挑文君、文君私奔相如的生活经验为基础,又靠相如风流才子的多情心性和情场阅历,才能构想出上宫艳遇的情境,特别是一些细节,才能细微深入地体会到并描摹出"东邻女"和"上宫女"的心理和言行。所以明朝人张溥说:"《美人赋》风诗之尤,上掩宋玉,盖长卿风流放诞,深于论色。即其所自叙传,琴心善感,好女夜奔,史迁形状,安能及此?"(《司马文园集·题辞》)"上掩宋玉",就不止于模拟。有此效果,正在于相如有风流才子多情善感的心性,"深于论色"。这正如相如《自叙》中琴挑、夜奔的生活和情感,是非风流才子的司马迁不可能写出来的一样。这也说明,相如抒情赋中所写情场生活和情感,也是司马相如作为风流才子多情善感、多才多艺的表现。

从情场韵事和抒情名赋，都可以充分领略到司马相如情场风流的韵味。

王闿运在其《湘绮楼日记》中说"司马良史而载奔女，何以垂教？此乃史公欲为古今女子开一奇局，使皆能自拔耳！"他说《史记》载相如、文君风流韵事是为古今女子开辟"自拔"之路。此非司马子长之文意，却是相如、文君之事功。司马相如情场风流产生的相如、文君风流韵事，直接为古今男女开辟了由自主而自拔的光明大道。由自主而自拔不仅是恋爱、婚姻方面的自拔之路，也是人生各方面的自拔之路。开辟这自拔之路的主角是司马相如。所以，可以说是司马相如为古今男女开辟了由自主而自拔的人生之路。

司马相如的情场风流，使他成为了为古今男女开辟自拔之路的第一人。

第三节　名士风流

名士风流通常指魏晋时期鄙弃礼法、任性、谈玄的人和事。这词最早见于《世说新语·品藻》："韩康伯门庭萧寂，居然有名士风流。""名士风流大不拘"的"大不拘"就是名士风流的突出特点。司马相如也有不拘礼俗（儒家礼法及相应世俗观念）、任性放诞的名士特性。

谭继和《司马相如与文化中国》说，"诗教更是儒家礼教的核心"，"相如大赋……是孔子诗文教化的结晶"，因此，相如是"汉代大儒家之一"（《天下文宗司马相如·序》，四川人民出版社2013年版）。这个三段论值得商榷。传统儒家思想维护专制统治，因而成为汉武帝以来二千年专制社会的统治思想。因此专制社会把人的思想境界达到儒家思想的程度作为评论人的尺度，一个人的言行达到儒家思想程度越高，这人就越了不起。《三国志》卷三十八《许麋孙简伊秦传》所载秦宓《与王商书》，之所以有意扭曲《汉书·地理志》"文翁倡其教，相如为之师（指"相如游宦京师诸侯，以文章显于世，乡党慕循其迹"，即相如以文章发迹被慕循而成为巴蜀人的老师）"的意思，又自编"相如东受七经，还教吏民，于是蜀学比于齐鲁"的话，让相如成为巴蜀传授儒经的先驱，就是想用上述尺度提高司马相如声誉身价，以此促成给司马相如建立祠堂。这儒家标尺至今还被人有意无意地运用，前引论述就是今人用这尺度来褒扬司马相如。但这尺度是专制社会制定和使用的标准，不是客观评价人所需的尺度，早已不宜采用了。而且，事实上相如大赋是与儒家诗教背道而驰的（详见第四章第二节），相如也不是汉儒大家之一。

　　司马相如不拘礼俗的心性是与生俱来的。相如不像扬雄生长在文翁倡教后的蜀地和"独尊儒术"后的时代而被儒家思想缚住。从地缘因素看，司马相如生长在"迁虏"之地的巴蜀，受儒家思想熏陶很少。《汉书》卷八九《文翁传》载，文翁"景帝末为蜀郡守"后，"见蜀地辟陋有蛮夷风"，可证景帝末蜀地还不是儒家思想的天下，因此"文翁欲诱进之"，就实施了化蜀——用儒家思想改造巴蜀文化。而景帝末年，司马相如已三十九虚岁，思想意识早已定形。等到文翁让儒家思想占领蜀地时，相如已四十多岁，再次离开巴蜀到长安了。地缘因素使司马相如受儒家思想影响很小。从时代因素看,汉初以来,文帝、景帝、窦太后、萧相国等人都好黄老,黄老思想成为汉初统治思想。武帝时才"独尊儒术"。武帝始年,司马相如已四十虚岁,思想意识早已定形。时代思想潮流也使司马相如受儒家影响很小。相如享年六十三虚岁,四十多岁才身陷"独尊儒术"的社会环境。司马贞《史记·索引·司马相如列传·述赞》说相如"其学无方",也表明相如受儒家影响很小。所以相如不拘儒家礼教及相应的世俗观念;所以相如大赋不仅不是孔子诗文教化的结晶,反而背离儒家诗文教化而揭开中国文学全方位本质性变化的序幕(详见第四章第二节)。因此"相如大赋……是孔子诗文教化的结晶",相如是"汉代大儒家之一"的论断,只是用儒家论人尺度褒扬相如而已,不是客观评判,不合客观事实。相如四十多岁都很少受儒家思想影响,他不拘礼俗就势所必然。

　　史实更是明证。相如琴挑而得文君,就是不拘礼俗的大事。既无父母之命,也无媒妁之言,也不顾文君在家应从父的规范。自主结合是儒家礼俗在婚姻上的大忌,所以相如被囿于礼教的后人谩骂。这样的事是大儒家所能行的吗?相如行之,既是他不拘礼俗的名士风流心性使然,也被尚未"独尊儒术"的当时社会容许。如果今天还用儒家思想统治的专制社会的尺度去评判,就只好加以否定。那又怎么面对历代逆世俗、反礼教的人们赞之颂之、模之范之的言行?如果我们客观地评价人,就会看到并赞扬相如、文君敢于不拘礼俗的勇敢精神。相如、文君不拘礼俗,自主结合,为古今男女也是为自己开辟了自拔之路。这开辟之功不就得力于相如不拘礼俗的名士风流心性吗?

第三章 风流才子

"相如身自著犊鼻裈，与保庸杂作，涤器于市中。"这时已是相如事景帝、游梁国、有了成名之作以后了。这时的相如可以说是名人了，他却能放下架子，不自矜持，不怕嘲讽，混迹庸保杂作，涤器市中。这又显出司马相如"大不拘"的名士风流特性。

司马相如对生活中这些不拘礼俗的行为，不以为羞，言之无愧，更突出了他不拘礼俗的名士风流心性。凌稚隆、李光绪《史记评林》卷一百一十七《司马相如列传》批点引董份语曰："《相如集》中（自叙）传……《史通》以为相如自作，非也。即自作，独不为文君事一少讳耶？"张燮《七十二家集·司马文园集·自叙传附记》说："俗儒多以亡奔涤器等事胡不少讳，以此为非马卿笔。不知马卿正自述慢世一段光景，委曲周至，他人不能代之写照阿堵中也。"司马相如为什么对他琴挑文君、涤器市中等事不一少讳？正是要自述这些事来表现他"慢世一段光景"。这就证明，司马相如对儒家礼教和世俗众人认为应当避讳的风流韵事和名士行为等，不以为愧而不"一少讳"。因为问心无愧，所以言之不讳，堂而皇之。慨然力行之，还坦然自述之，就更突出了司马相如蔑视鄙弃儒家礼法和世俗观念的名士风流心性和英雄豪杰气概。这些言行都不是大儒家敢于直面的。即使相如是虚伪的大儒家，纵敢潜行也不敢坦言。

清人陆葇在《历代赋格·文赋格》的《上林赋》末批说："长卿赋心绝艳，赋才绝豪，风流诞放，文如其人。"这是说相如赋文也体现着他风流放诞的名士本色。这是很有见地、很有道理的。文如其人，最主要的是，如同相如为人没被儒家礼教缚住一样，相如为文也未被儒家诗教缚住，而与儒家诗教背道而驰，从而开创了促成中国文学成熟的文学巨变。因第四章第二节有专论，此处从略。《难蜀父老》中"非常之人""非常之事""非常之功"的立论，和"岂特委琐握龊，拘文牵俗，循诵习传，当世取说（悦）云尔哉"的观点，也基于相如不拘礼俗的名士风流心性，别人很难言及。

司马相如处在"独尊儒术"到来前，魏晋名士处在"独尊儒术"淡化时，所以都能不拘礼俗。同心相知，相如就被魏晋名士认同和推许。我们就可以从魏晋名士心目中、言论中认识司马相如名士风流的特性。魏晋名士代表人物嵇康在《高士传赞》中说："长卿慢世，越礼自放。犊鼻居市，不耻其状。"这是魏晋名士对司马相如由知音而认同和推许。刘孝标注《世说新语·任诞》中"王孝伯问王大：'阮籍何如司马相如？'王大曰：'阮籍胸中垒块，故须酒浇之'"一段云："言阮皆同相如，而饮酒异耳。"这就是说除了饮酒，阮籍"皆同相如"。阮籍也是魏晋名士的代表人物，则司马相如也完全是名士人物。《世说新语·品藻》："王子猷、子敬共赏《高士传》人及《赞》，子敬赏'井丹高洁'，子猷云：'未若长卿慢世。'"这也是对司马相如的名士风流给以很高的评价。把两个时期的风流名士放在一起，更能看清司马相如名士风流的面目和心性。

不仅魏晋名士推许司马相如，历代文人对司马相如不拘礼俗的名士风流评价都很好。明代冯梦龙《情史类略·情侠类·卓文君》说："相如不遇文君，则绿绮之弦可废；文君不遇相如，两颊芙蓉后世亦谁复有传者？是妇是夫，千古佳偶，风流放诞，岂足病乎？今之蓬州，唐谓之相如县，迄今有相如祠。相如之取重后世若此，彼风流放诞者得乎哉！"这对司马相如不拘礼俗、任性放诞的风流韵事和名士心性给予了很高评价：相如有祠存千古，即相如英名千古永垂，由其风流放诞获得。何以不由大儒家获得？风流放诞哪是什么大儒家。

相如不拘礼法的名士风流心性，使他在文学领域没有被儒家诗教缚住，无所谓言志美刺的实用价值取向，而以艺术愉悦为文学价值取向，开创了大赋这一新文体，成就了大赋巅峰作，开启了历时约七百年的追求艺术美的纯文学，促成了中国文学达到成熟。不拘礼俗的名士风流心性使司马相如成为了汉代首屈一指的文学家，成为了促使中国文学全方位本质性变化，进而迈向成熟的第一人（详见第四章第二节）。

司马相如不是什么大儒家，而是不拘礼俗的风流名士。这是司马相如的真实面目，有他生长的地缘成因和时代成因，也被后世历代文人推许。指出相如不是大儒家，而是不拘礼俗的风流名士，不是贬低相如，而是客观评价相如，还相如应有的崇高地位。说相如是大儒家，并不能提高相如的地位。就算是大儒家，也前不能盖孔子，后不能掩程朱，而且只能位居扬雄之下（历来称扬雄为"子"，称其《太玄》《法言》为"经"，就是明证）。司马相如为人没有被儒家礼教缚住，才在人生方面成为了为古今男女开辟由自主而自拔之路的第一人；司马相如为文没有被儒家诗教缚住，才在文学领域成为了汉代首屈一指的文学家，成为了千古共认的辞宗赋圣，成为了开创中国文学新天地、促成中国文学发展成熟的第一人。这才是司马相如真实的不朽成就和崇高地位。这些都是相如自己奠定的实有地位，而不是别人给予的褒奖地位。凭这些成就的任何一点都远超扬雄。相如能获得这样的成就和地位，最根本的自身因素，就是他没被儒家思想缚住。不是固守儒家论人标尺的人都会承认，这样客观评价，相如的地位不比大儒家的地位低，远比大儒家的地位高。这是撇开专制社会的旧尺度才有可能得出的客观评价。这才是非主观臆断、从实际出发的正确评价。

第四章　文学宗师

汉代文人首推司马迁、司马相如，而司马迁首先是史学家，所以司马相如是汉代首屈一指的文学家。司马相如又是我国文学史上的"辞宗""赋圣"。司马相如还是开启中国文学巨变、促成中国文学成熟的第一人。前二者已被人们公认，就只简略说说辞宗赋圣，着重说说司马相如开启中国文学巨变、促成中国文学成熟的功绩和地位。

第一节　辞宗赋圣

班固《汉书·叙传》说："司马相如蔚为辞宗，赋颂之首。"刘勰《文心雕龙》也多次用"辞宗"称司马相如。宋人林艾轩、朱熹都称司马相如为"赋之圣者"。所以，辞宗、赋圣是人们公认的司马相如在文学史上的地位。

司马相如是大赋的创立者。辞宗就是辞赋之宗祖，就是说司马相如是辞赋的创立者。辞赋就是体物骋辞的散体赋，也就是通常说的大赋。司马相如的《天子游猎赋》（今见《子虚赋》《上林赋》）是大赋的代表，也是空前绝后的大赋。《天子游猎赋》是有史以来第一篇体物骋辞的散体赋，当然是空前的。郝敬《艺圃伧谈》卷三说："《子虚》《上林》同

(一)赋也……其所以掩盖百世者,为其创始也。"这也是说《天子游猎赋》是大赋创始的第一篇。其后的大赋尽都没有跳出因袭模仿的范围,且达不到相如大赋的境界,还渐趋"体物写志",逐渐走样变质了。扬雄《答桓谭书》说:"长卿赋不似从人间来,其神化所至耶?"班固《汉书·扬雄传》说:"先是时,蜀有司马相如,作赋甚弘丽温雅,(扬)雄心壮之,每作赋,常拟之以为式。"《汉书·贾邹枚路传》说:"(枚)皋赋辞中自言为赋不如相如。"左思《咏史》八首之三自谓"辞赋拟相如"。江淹《自叙传》说:"淹字文通……常慕司马长卿。"这些人对相如的倾慕、自认不如以及对相如大赋的模仿,都说明相如大赋是后人难以企及更不曾超越的。常璩《华阳国志》卷三说:"长卿彬彬,文为世矩","世之作赋者,自扬雄之徒咸则之。"朱熹《楚辞集注·楚辞后语》卷二引林艾轩语说:"司马相如,赋之圣者。扬子云、班孟坚只填得他腔子,如何得似他自然流出?左太冲、张平子竭尽气力,又更不及。"郝经《何氏续后汉书·吴左思》(卷六十六下下)说:"司马相如壮浪纵肆,宏富高古,无以尚矣。至扬雄、班固,模拟填塞……若张衡、左思,则以下扬雄远甚。"现代也有《中国文学史》说:"后来张衡《二京》左思《三都》,虽篇幅加广,而气魄终觉不如。"(游国恩、萧涤非等人所编)这些更说明后来的大赋不仅"咸则之",而且"终觉不如""不及"。可见司马相如大赋确实居于空前绝后的地位。

说到《天子游猎赋》是大赋创始第一篇,就不得不说说枚乘《七发》。有人说《七发》是新体汉赋(即大赋)第一篇,那是只看到散体这一点表象就断言了。《七发》的全部内容只不过用有趣味、有生气、有活力的话让逸乐而消沉的人振起精神。因此，从价值取向看，《七发》是实用性，《天子游猎赋》取愉悦性；从创作意向看，《七发》是生活反映，《天子游猎赋》是艺术创造，不是现实生活的反映；从内容主体看，《七发》表现主体情意，《天子游猎赋》摹写客体形象；从语言看，《七发》语言平易，《天子游猎赋》语言博奇。除了散体这一点表象，《七发》不具备大赋的根本和主要的特征（详见下节），不能算大赋的第一篇。《天子游猎赋》才能算大赋的第一篇，司马相如才是大赋的创始人。所以，日本谷口洋《从〈七发〉到〈天子游猎赋〉》说："枚乘《七发》还存在着师承，相如赋却看不到师承的痕迹。"这是很有见地的。

　　司马相如不愧为辞宗，还在于他创立大赋不是简单地因承变化而成，而是独力开创所致。过去有人说"骚"是"诗"之变，"赋"是"骚"之变。现在也有人说相如把骚体赋发展成了汉大赋。祝尧《古赋辩体》卷四《甘泉赋》题解也说："自长卿诸人，就'骚'中分出侈靡之一体，以为辞赋，至于子云，此体遂盛。"而事实上，汉赋并不就是大赋。汉赋本有体物骋辞的散体赋（大赋）和抒情刺世的骚体赋两种。相如就两种赋体兼备而别用之（笔者曾分别用散文和韵文两种形式译写），他的《长门赋》《哀二世赋》就是著名的抒情刺世的骚体赋。这就说明，不是骚体赋发展成了大赋（散体赋），而是二者并行的。虽然大赋并不是和骚赋毫无关联，但是大赋主要是承诸子论辩特别是源于纵横家说辞创造的。所以相如大赋对一贯视为赋的直接渊源的楚辞，也主要是变新：楚辞是韵文，相如赋是散文。"写怀之赋"的楚辞是"诗言志","寄情于物",以主体情意为表现主角;相如赋是"赋体物","无情之词",以客体形象为表现主角。想象、夸张、虚构,在楚辞中是诉达主体情意的方式;在相如赋中是创造客体形象的手段。楚辞和宋玉《高唐》《神女》诸赋中,想象虚构的是神怪事物,使人知其幻而得主体情意之真;相如赋中想象虚构的是现实事物,使人觉其真而得客体形象之真。相如赋还变楚辞诉达志意的"伟词"为描写事物的博奇之词。无怪乎鲁迅说:"武帝左右亲信,如朱买臣等,多以楚辞进,而相如独变其体。"大赋是司马相如"不师故辙,自摅妙才"(均见《汉文学史纲要》第十篇),独力开创的。相如大赋不是由"骚"发展成的,也不是从"骚"中分出来的,是在"骚"外另行开创的。"独变其体"较之其他说法更说得过去。王世贞《艺苑卮言》说:"屈氏之骚,骚之圣也;长卿之赋,赋之圣也。"他大概已经看到屈原、相如各为楚辞、大赋的创立者、巅峰人。刘师培《论文杂记·第四》论赋"为《楚辞》之别派",就把相如大赋排在外,且惜"知之者鲜矣",是很有见地的。

  风骚并称,就是说《诗经》和《楚辞》是可以相提并论的诗。荀子《赋篇》还只是赋的雏形,成熟的赋始于宋玉。而宋玉不把他的楚辞作品《九辨》《招魂》题为赋,他所题为"赋"的《风赋》《登徒子好色赋》《高唐赋》《神女赋》,都是散文不是诗。由此可见,宋玉就已经把诗(楚辞)和赋明确区分开了。汉初贾谊继承宋玉赋形成汉代骚体赋。后人却无视楚辞和宋赋有诗赋之别,而混淆宋玉早已明确区别开了的诗(楚辞)和赋,倒过去把屈原的诗(楚辞)称为"屈赋",这已是谬误;再以此说赋是由楚辞发展来的,进而说

第四章 文学宗师

大赋是由楚辞发展成骚赋再发展成的,就更不妥当,却传讹至今。

大赋是司马相如着意创造的。这从相如有意把大赋和骚赋区别开来也可以看出。《天子游猎赋》和《长门赋》《哀二世赋》从价值取向、内容主体到语言风格都明显不同,就足以证明这一点。祝尧《古赋辩体》卷三《长门赋》题解说:"二赋(《子虚》《上林》)尚辞,极其靡丽,而不本于情,终无深意远味;《长门》尚意,感动人心,所谓情动于中而形于言,虽不尚辞而辞亦在意之中",鲁迅《汉文学史纲要》第十篇也说:"武帝左右亲信,如朱买臣等,多以楚辞进,而相如独变其体……然相如亦作短赋,则繁丽之辞较少,如《哀二世赋》《长门赋》",就都说明相如是明确把愉悦性文学和实用性文学区别开来的。这就说明愉悦性大赋是相如有意识创造的。

司马相如不仅是辞赋的创立者,而且是辞赋成就巅峰人。前已说到《天子游猎赋》是空前的也是绝后的大赋,就明确了这一点。相如不仅是辞赋成就巅峰人,也是骚赋成就巅峰人。祝尧《古赋辩体》卷三说《长门赋》是相如赋中"最杰出者",可见其骚赋成就之高。他的《天子游猎赋》是大赋第一篇,他的《哀二世赋》是论政权兴亡第一赋,他的《长门赋》是宫帏、闺帏内容第一赋。单从这些"第一"就可以确定相如在赋学领域的地位。所以司马相如被称为赋圣,是当之无愧的。

第二节 文变之祖

这里说的文变,不是"骚"是"诗"之变、"赋"是"骚"之变这样的变化,而是全方位本质性的文学巨变。这巨变的影响持续约七百年,从而促使中国文学经历写主体情意、写客体形象、到追求情景交融的意境而达到成熟。司马相如就是这文学巨变的揭幕人。

中国早期文学的特点。"文学"之在中国,向来都是个杂文学概念。比如先秦文学不仅指风骚,也指历史散文、诸子散文等。早期历史散文多是记言,就主要是表达言者的见解、主张;诸子散文也是表达作者的见解、主张的。这些文章都是实用的,用今天的文学眼光看,不是艺术范畴的文学。这类早期文学,价值取向是实用,内容主体是表现主体情意,语言风格只求"辞达"。"诗三百"当然是文学。"君子作歌,维以告哀"(《小雅·四月》),"心之忧矣,我歌且谣"(《魏风·园有桃》)。这就是《尚书·尧典》所谓"诗言志(诗表现主体情思)",《毛诗序》所谓"诗者,志之所之也""情动于中而形于言"。"诗三百"是抒写生活中的感受、情思的产物。这类早期文学,价值取向是实用,内容主体是表现主体情意,语言风格也只要求"辞达"。楚辞也是文学,是"发愤以抒情"(屈原《惜诵》)的产物。这类早期文学,价值取向是实用,内容主体是表现主体情意,语言风格虽较"诗三百"趋丽,却也只要求"辞达"。汉乐府是"感于哀乐,缘事而发"(《汉书·艺文志》)的。这类早期文学,价值取向是实用,内容主体是表现主体情意,语言风格只要求

"辞达"。由此可见，中国早期文学的共同特点是，以实用为价值取向，以主体情意为主要内容，以"辞达"为语言目标。辞达，即能诉达主体情意就行了，就显出古朴、质朴的语言风格。

以上是中国早期文学的自身面目。汉武帝独尊儒术开始，儒家思想成为中国二千年专制社会的统治思想。中国文学也就被儒家思想奴化。汉儒说《诗》，在形成儒家诗教的同时把"诗三百"变成了经世化民的工具，文学成了政治教化的囚奴。汉儒说《诗》，强加给《诗》"经夫妇、成孝敬、厚人伦、美教化、易风俗""正得失"的价值取向："风，风也；教也。风以动之，教以化之。""雅者，正也，言王政之所由兴废也。""颂者，美盛德之形容。"这样就把《诗经》所有诗都解说成美刺的政教文章了，再一一指实每首诗的"美刺"之"志"，就连"郑卫之音"也无一不具有"美刺"之"志"了。"诗言志"本来是指文学表现主体情意的特点，那是个人实用价值——作者陶冶性情、读者共鸣感染；却被汉儒全说成政教教条，具有了政教功利性。"美刺"是文学的政教功利价值。因为儒家思想是中国二千年专制社会的统治思想，儒家诗教也就统治中国文学二千年，致使早期文学的这种囚奴面目反成了正面形象，甚至被奉为圭臬。这种囚奴文学，价值取向是政教实用性，内容主体是政教"美刺"，语言风格是"辞达而已矣"。这本来不是真正的文学了，但在专制的中国社会里，这才是正统的文学。这是囚奴形象的中国早期文学。

中国早期文学内容主体是表现主体情意，并不是说没有客体形象。风、骚、乐府中都有饱含情意之人、激起情意之事、牵动情意之物，且跃然纸上，如在目前；散文中也有表现和印证见解、主张的人和事，但这些人、事、物在诗（风、骚、乐府）中多是起兴物、比喻体，在文中多是喻体、例子（实例和寓言），且限于鳞爪、轮廓般粗略勾勒，都不是表现的主角。甚至还没有成为表现的对象。早期文学作品更多是直接诉达主体情意。

司马相如生长在文翁化蜀前的巴蜀，上述早期中国文学产生在中原，因而受其影响很少；从望帝化鹃的传说和高2.6米、纵目、大耳等出土人物铜像，可以看出古代巴蜀文化善于对现实事物加以夸张、想象、虚构。这和雄奇险秀的巴蜀山水，共同构成相如高于现实生活进行艺术创造的文化生态基因。相如生活的地域和时代，使相如没有被儒家思想缚住，也就没有被儒家诗教缚住（参见第三章第三节），因而他任性、放诞地为人为文。早期文学中的诸子散文，是作者立言或游说的产物；诗歌是抒发个人情思，作者都非侍从身份；而相如以侍从身份作赋。这些因素的综合作用，使司马相如创立了与早期文学的自身面目迥异、与早期文学的囚奴形象对立的新文种——大赋。

相如大赋的主要创新性。

相如大赋最根本的创新是价值取向由实用变新为愉悦。相如创作大赋的目的是使人愉悦，具体说就是使人欢欣从而讨人欢心。他作《子虚赋》是以诸侯斗豪雄讨醉心皇位的梁孝王的欢心，还产生了使武帝惊叹的艺术效果。他却说："此乃诸侯之事，未足观也，请为《天子游猎赋》。"这显然是要进一步使武帝更加愉悦。于是以天子的巨丽苑囿和豪雄游猎横扫诸侯豪奢，以天子的恢宏气象、雄伟声威独盛于天

第四章　文学宗师

下去讨得大自负的汉武帝的欢心，所以"赋奏，天子以为郎"。《大人赋》也是"见上好仙道，因曰'上林之事未足美也，尚有靡者'"，想以比上林之事更靡丽的内容讨醉心求仙的汉武帝的欢心，因而使"天子大悦，飘飘有凌云之气"（《史记·司马相如列传》）。这样的价值取向决定了相如大赋不重反映生活、抒写情思，而追求艺术价值，注重艺术创造。所以，《天子游猎赋》以广博想象、大量虚构、大胆夸张的艺术手法创造客体形象，用铺排、雕饰、夸饰、渲染、铺垫、烘托等艺术手法表现客体形象，创造了繁艳雄奇的绘画美；以丰富奇丽的词采、对称排比等句式，创造了繁博宏丽的语言美；假三人相难，一层一层又一层地渲染铺排，形成一浪高过一浪、波澜壮阔、锐不可当的气势，有力地突出了主旨，创造了篇章宏大、构思巧妙的结构美。那境界广阔、气势磅礴、雄奇巨丽、生动形象、有声有色、多姿多彩、生机勃勃、丰博奇特的山川景物和宏伟富丽的人文景观，规模浩大、场景雄奇、声势威猛、气派非凡的壮举乐事，全都是想象虚构的，全都是艺术创造。美女陪猎，岂有先例？高空猎鸟，酷似游仙。这些也都是艺术创造、艺术成果。其艺术创造和成果不仅在于虚构事物，也在于虚构事物的形象。《文心雕龙·夸饰》说："莫不因夸以成状，沿饰而得奇"，奇特形状也是虚构的。司马相如是有意识地把文学作品作为艺术品来创造、自觉地运用多种文学创作的艺术手法的第一人。所以吴海《闻道斋集》卷二说："汉氏以来，而文始涉乎技矣，由司马相如以滥靡之辞饰夸诹之智。"这就是说文学进入艺术创造始于相如大赋。日本吉川幸次郎在《关于司马相如》中也指出：司马相如创造了"纯粹以美感为目标的语言","中国文学的正式开幕应该说在司马相如身上"。这也是说相如大赋开始了艺术创造,开创了纯艺术(唯美)文学,不再是过去那种以实用为价值取向的文学了。

相如大赋以愉悦人为价值取向,就虚构现实事物,不露主体情意,徒务技艺文辞功夫,搭建宏伟框架,穷搜想象所能及的材料(事物、文字)铺陈联缀之,夸饰以至"诡滥",藻饰而如"字林",致使非议沓来,都是愉悦的价值取向导致的。扬雄《扬侍郎集·君子》说:"文丽寡用,长卿也。"《汉书·叙传》第二十七说司马相如"文艳寡用",班固《典引序》引汉昭帝诏说:"司马相如……但有浮华之辞,不周于用。"这是因为相如大赋不以实用为价值取向,所以说"寡用""不周于用"。早期文学自身的实用价值是表达主体情意,这有陶冶性情、感染读者的实用价值。相如大赋没有这实用价值了。李华《扬州功曹萧颖士文集序》说:"枚乘、司马相如亦瑰丽之士,然而不近风雅";杨炯《王勃集序》说:"贾马蔚兴,已亏于雅颂";章炳麟《国故论衡》中卷《文学总略》说大赋"动人哀乐未也",都是说相如大赋没有了"诗三百"那种诉达主体情意、以情感动读者的实用价值了。相如大赋更没有儒家诗教强加给早期文学的政教实用价值。《汉书·艺文志》说,"汉初枚乘、司马相如,下及扬子云,竞为侈丽闳衍之词,没其讽谕之义";吴兢《贞观政要》卷七载李世民说相如大赋"无益劝诫";刘知几《史通·载文》(卷五)说大赋"无裨劝奖";程廷祚《清溪集》卷十也说大赋"无益劝诫之旨",都是说相如大赋没有儒家诗教强加给早期文学的美刺功利价值。黄羲宪《续自警篇》卷一说"《子虚》《上林》饰巧夸富,媚人耳目,若俳优然,非《诗》

之教也",也是说相如大赋只有愉悦价值,不是政教作品。相如大赋的价值取向是愉悦人。《二程语录》卷十一载程颐针对诗句"文似相如始类俳"说:"既务悦人,非俳优而何?"这就是说,既以愉悦人为价值取向,就必然类似俳优,这就直接点到了相如大赋愉悦人的价值取向。王充《论衡·谴告》说司马相如《大人赋》"顺人心以非应之",就是说《大人赋》是顺武帝好仙之心去讨其欢心的。这也看到了相如赋愉悦人的价值取向。

明确了相如大赋以愉悦为价值取向,就不必如千古以来去争论其大赋是颂还是谏,是劝还是讽。颂谏、劝讽,类似现在说的褒贬,就是儒家诗教说的美刺。对相如大赋颂或谏、劝或讽的论争,实质上是用儒家诗教的标尺立论的人强加给相如大赋的枷锁。相如大赋既以愉悦为价值取向,只要能使读者愉悦就达到目的,体现价值了,还要颂什么,谏什么,劝什么,讽什么?好比玩具制造商制造玩具,能使人玩着高兴就行了,就体现出价值了。以愉悦为价值取向的相如大赋,只是铺陈夸饰巨丽的苑囿和豪雄的游猎以讨武帝欢心;武帝只是欣赏喜悦这巨丽的苑囿和豪雄的游猎而高兴,就封相如为郎。这赋的价值就实现了。赋中"天子芒然而思"以下的"曲终奏雅",只不过为应对"独尊儒术"的时代贴上的一张合乎儒家诗教的标签而已。张衡《东京赋》说:"故相如壮《上林》之观……虽系以隤墙填堑……卒无补于风雅。"这就是说,虽然贴了一张儒家诗教的标签,也并没有儒家诗教强加给"诗"的那种美刺功利效果,也就没有美与刺、颂与谏、劝与讽。王充《论衡·定贤》说相如大赋"不能处定是非,辩然否之实"。不能定是非辨然否,还有什么颂谏劝讽？美刺、颂谏、劝讽，都必须以具体言行为对象，这是前提条件。相如大赋中所写全非实事，全是虚构。诚如程大昌所说，"凡其所赋之语，何往而不为乌有也？"（《雍录》卷九）邹思明所说，"通篇皆虚词"（《文选尤》卷二《上林赋》批点）。全是虚构的乌有内容，哪有颂谏劝讽的对象、前提条件？这赋写于相如应武帝召刚到长安时，相如随从武帝猎长杨虽在作赋当年，作赋却在从猎之前。所以赋中根本不存在美刺、颂谏、劝讽的对象、前提条件，赋中绝不是美、颂、劝或刺、谏、讽武帝游猎。从武帝猎长杨时所作《谏猎疏》，对武帝游猎是谏不是颂，但不同于《天子游猎赋》"谏""此泰奢侈"。相如作赋只不过用虚构等艺术手法创造了一个艺术品来让人愉悦罢了。相如把这艺术品制成就完事了，可是后人却颂呀，谏呀，劝呀，讽呀，没完没了，至今喋喋不休，其实质只是死抱着早已过时的儒家诗教的标尺不放，真堪一笑。大赋继作者都是独尊儒术以后的儒者，他们像汉儒说《诗》一样，把相如大赋夸饰虚构事物说成颂扬真实人事。而且他们模仿的赋作"事实（事物真实）于相如"（班固《两都赋》），因为写的真实人事，就真是"颂"或"谏"了。从相如大赋到扬雄《羽猎赋》、班固《两都赋》，内容由凭虚渐变到求实，由客观铺陈事物渐变到主观罗列证据；体式由主客虚泛夸说而形成层进结构演变为正反切实辩论以突出鲜明主题——主观颂扬，如扬雄《羽猎赋》颂汉成帝游猎，班固《两都赋》颂东京、颂东汉，张衡《二京赋》颂东汉、刺奢颂俭，左思《三都赋》美魏都。所谓"赋颂传统"就是这样由仿作者在使大赋由唯美转向实用的衍变中形成的；却反过去张冠李戴说成是相如大赋开启的。洪若皋《梁昭明文选越裁》卷二说:"子云善谀,《剧秦》谀新,而《羽猎》《长杨》实谀汉……亦'劝百讽一'作之俑乎!"指出扬雄是"劝百讽一"始作俑者,就很有见地。仿作者形成的赋颂传统把大赋引入了儒家诗教的轨道。所以文学质变的相如大赋很快又质变为价值取向实用、内容侧重颂谏,成了班固所谓的"古诗之流"了。

相如大赋由于价值取向与早期文学迥异,使之成为了唯美(纯艺术)文学。这种唯美文学在内容和形式(语言)两方面都相应与早期文学截然不同。

相如大赋的内容就是历代所谓"形似之言"。沈约《宋书·谢灵运传论》所谓"相如巧为形似之言",就是指他的大赋而言的。《文心雕龙·诠赋》所说"写物图貌,蔚似雕画""极声貌以穷文"等特点也主要体现在大赋。形似之言就是不露主体情意、只摹客体形象的内容。

不露主体情意,缘于内容是为愉悦而创造而虚构的。为实用就用虚构事物写真实情意,如用虚构的狐假虎威喻真实人事,用虚构的雄风雌风写真实人事,都是要写真实情意。这是由真实人事表现出主体情意,实现实用价值。为愉悦就变真实事物为虚构事物。如变真实上林苑为大到东至太阳升起处西至太阳降落处南到热带北到寒带的上林苑,变真实的帝王游猎为驰骋六合的帝王游猎,达到使人愉悦的目的。这和变真实的火车为玩具火车,虽有变大变小之别,同样是把真实事物变成了艺术、变成了玩具,实现了愉悦价值。因为成了艺术、成了玩具,没写真实人事了,所以不再有对真实人事的主体情意。这是不露主体情意的由来。祝尧《古赋辩体》卷四说大赋"不因于情,不止于理""二赋(《子虚》

《上林》）尚辞，极其靡丽，而不本乎情"；王之绩《铁立文集》卷十说"《子虚》《上林》，特靡丽无情之词而已"；左思《三都赋序》说相如大赋"于义则虚而无征"。这"不因于情""不本乎情""无情""于义则虚而无征"，都是说相如大赋没有表现主体情意。没有表现主体情意，当然也就没有颂、谏、劝、讽。

不露主体情意，就只摹客体形象。相如大赋内容纯属虚构的现实事物，也就不带思想感情地全力创造和表现客体事物及其形象——物形景象事态。四面八方之物，总汇铺陈；千奇百怪之状，异想夸饰。铺陈事物以至事物堆砌，雕饰事物以至事物奇丽。相如大赋极尽铺叙之能事，大规模描写客体形象，物之声貌、景象、事态、环境，等等，都纵横铺排，竭力渲染，达到"穷形尽相""极声貌以写物"的程度。一方面穷想象力去搜寻并虚构事物，大量罗列以致堆砌植物、动物、矿物；另一方面竭力客观地摹形拟声，从东西南北中上中下、形貌声色气味、静态动态等多层面、多角度、全方位铺叙渲染，夸张扬厉地极力描摹物形、景象、事态、场面等客体形象。堆砌雕饰之物、铺排夸饰之事，构成相如大赋表现的对象和主角。左思《三都赋序》说相如大赋"假称（虚构）珍异……考之果木则生非其壤，校之神物则出非其所"，刘勰《文心雕龙·夸饰》说"相如凭风，诡滥愈甚"，都是说相如大赋的内容是凭空虚构的。林駉《新笺决科古今源流至论·后集》卷二说，"词赋，虚诞之作，不过状陆离之景"；陆文圭《墙东类稿·科举》说，"词赋是文之空言，吟咏景物而已"；挚虞《文章流别论》说，"古诗之赋，以情义为正……今之赋，以事形为本"；王十朋《会稽风俗赋序》说《上林赋》"其事不实";郭洪《抱朴子·外篇》说:"古者事事醇素,今则莫不雕饰",都是说相如大赋不像古诗之赋表现主体情意,而是以客体事物的形象为根本,只摹写客体形象,而且事物本身不真实,又无不加以雕饰,即形容描写也不真实。显而易见,相如大赋的根本内容是客体形象,而且是任意虚构、无限铺排、极力夸饰、虚拟雕饰的事物及其形态。

所以,司马相如是开启以形似之言为内容的文学风气的人。

相如大赋的语言特色是辞丽,"辞莫丽于相如"。相如大赋的语言虽不乏形象、生动、准确的特点,但主要的特点还是博奇,即历代所谓"靡丽""繁丽""富丽"等,都是丰富奇特的意思。博而至于堆砌辞藻,奇而至于文字生僻,逞博炫奇,是相如大赋最明显的语言特色。这无需多说,一看《天子游猎赋》就大量文字难认识,就深知这特点了。《汉书·艺文志》称为"侈丽闳衍之词",《汉书·叙传》又谓之"文艳",班固《典引序》还说"但(只)有浮华之辞",《文心雕龙·程器》谓之"有文无质(无主体情意)",祝尧《古赋辩体》卷四说"惟事于辞",都是说相如大赋着力在语言艺术方面下功夫,收到了语言美的艺术效果。

相如大赋的内容特点和语言特点是相得益彰的。穷想象力所及地铺排以至堆砌事物就形成丰富以至堆砌的名词,穷想象力所及地夸饰雕饰事物就形成丰富以至堆砌的形容词、动词。这是内容博奇而致语言博奇;穷想象力虚构内容,掌握的名词多就事物多而奇,掌握的形容词、动词多就形象多而奇。这是语言博奇而致内容博奇。刘歆《西京杂记》载相如《答盛览问作赋》说："合綦组以成文，列锦绣而为质。一经一纬，一宫一商，此作赋之迹也。"这或为相如自道，或为他人总结，都是相如大赋的创作经验。这经验正说明上述相如大赋糜丽事物的内容与糜丽辞藻的语言相得益彰的密切关联。《文心雕龙·诠赋》谓之"极声貌以穷文"，孙钅广《子虚赋批点》说《子虚赋》"穷状物之妙，尽摛词之致"（《孙月峰先生评文选》卷四），都是把形似之言的内容和博奇语言联系起来说的。王十朋《会稽风俗赋序》说"其（《上林赋》）词多夸，而其事不实"，也是把虚构的内容和夸饰的语言联系起来说的。祝尧《古赋辩体》中《子虚赋》题注指出"取天地百神之奇怪，使其词夸；取风云山川之形态，使其词媚；取鸟兽草木之名物，使其词赡；取金璧彩缯之容色，使其词藻；取宫室城阙之制度，使其词壮"，也是把靡丽形象的内容和靡丽辞藻的语言联系起来说的。这些都证明相如大赋的形似之言（内容）和博奇之辞（语言）达到了相得益彰的效果。

总之，相如大赋以愉悦为价值取向，相对于早期文学言志（表现主体情意）的实用价值取向是文学变新，相对于儒家诗教"美刺"的功利价值取向是文学自觉；相如大赋"形似之言"的内容，使主体情意隐退，客体形象成为表现的主角，相对于早期文学以主体情意为表现主角，客体形象不仅不是表现的主角，甚至还不是表现的对象，是文学巨变；相如大赋"辞丽"的语言追求和艺术效果，相对于早期文学"辞达"的语言风格，也是文学巨变。相如大赋是有史以来第一次全方位本质性的文学变新。

相如大赋自身的变新已是伟大的创举，而更伟大的功绩还在于，相如创立唯美（纯艺术）的大赋，开启了历时约七百年的中国文学的新变，从而导致了中国文学的成熟。

　　相如大赋的创作实践和成果，转化成经验上升为理念，开启了文学变新的新时代。相如大赋愉悦的价值取向，以及相应的追求文学的艺术性、形象性、语言美的创作实践和成效，促进了"文学的自觉"。"文学的自觉"是近代汲取西方文学观审视儒家诗教文学观统治下的中国文学而言的。曹丕《典论·论文》主张"文以气为主"。"气"是气质，指作者的个性。以作者的个性为主宰，就不以"美刺"为价值取向了。所以鲁迅说，"他说诗赋不必寓于教训，反对当时那些寓训勉于诗赋的见解，用近代的文学眼光看来，曹丕的一个时代是文学的自觉时代……是为艺术而艺术的一派"（《魏晋风度及文章与药及酒的关系》）。这就是说，"文学的自觉"，就是否定儒家"美刺"的功利价值取向，走向为艺术而艺术。这自觉意识不能不说是受司马相如凭其任性、放诞的个性气质，与儒家诗教美刺的政教功利价值相对立，以愉悦为价值取向，开创纯艺术（唯美）的大赋启迪的；不能不说是在相如大赋创作实践和成果的基础上总结经验上升成理念的。曹丕《典论·论文》以"诗赋欲丽"把艺术性文学与"奏议""书记""铭诔"等实用性文章区别开来，也不能不说是受相如大赋这样的唯美（纯艺术）文学启迪的文学自觉意识。杨炯《王勃集序》说："贾马蔚兴，已亏于雅颂；曹王杰起，更失于风骚。"这说明相如大赋不合儒家诗教，引起魏时曹王之作更失儒家诗教。萧纲《与当阳公大心书》说："立身之道与文章异，立身先须谨重，文章且须放荡。"放诞不拘地为文，正是要使人愉悦开心。这种为文价值取向，显然是与相如大赋的价值取向一脉相承的。可见相如大赋的愉悦价值取向直接影响到了魏晋南朝。

相如大赋不露主体情意、摹写客体形象的内容特性，也历时约七百年由汉晋影响到南朝末年。陆机《文赋》说"赋体物"，要"精骛八极，心游万仞""观古今于须臾，抚四海于一瞬""笼天地于形内，挫万物于笔端""虽离方而遁员（圆），期穷形而尽相"，就是说，赋是表现客体形象的，要穷想象力去搜寻古今六合的事物，离方遁圆、穷形尽相地摹写。这无疑是从"包括宇宙，总览人物"而虚构事物形象的相如大赋的创作实践和成果总结经验上升成理论的。钟嵘《诗品》说张协、谢灵运"尚巧似"，鲍照"善制状物之词""贵尚巧似"，颜之推《颜氏家训》说何逊"多形似之言"。刘勰《文心雕龙·物色》说："自近代以来，文贵形似""巧言切状，如印之印泥，不加雕削，而曲写毫芥"，其《明诗》说："情（内容）必极貌以写物，辞必穷力以追新，此近世之所竞也。"其《情采》说南朝诗人"远弃风雅，近师辞赋。故体情（与大赋'体物'对举）之制日疏，逐文之篇愈盛。"沈德潜《说诗晬语》卷上六二指出从晋末到南朝诗中"性情（主体情意）渐隐，声色（客体形象）大开"。从这些可以看出，魏晋南朝诗也大多不表现主体情意地摹写客体形象，成为形似之言了。其原因正是"师辞赋"所致。显然，相如大赋为愉悦而艺术、不露主体情意、摹写客体形象的"形似之言"的影响所致，已使魏晋南朝诗也多巧言切状的形似之言了。六朝咏物诗，因其所写对象是物，成为摹写客体形象的形似之言自不必说了。再看看这期间名声最大的山水诗和宫体诗吧。

第四章 文学宗师

先看山水诗的代表谢灵运的诗。谢诗大多都是泛咏皋壤和空谈玄理的结合，也就是形似之言和言玄之句的结合。"山水不足以娱其情，名理不足以解其忧"（《文心雕龙·情采》），就因为泛咏、空谈而不见主体情意。因为不露主体情意，所以单就描写山水说，就是见山水不见性情、见物不见人、见景不见情的形似之言。其《夜发石关亭》是："随山逾千里，浮溪将十夕。鸟归息舟楫，星阑命行役。亭亭晓月映，泠泠朝露滴。"其《登庐山绝顶望诸峰》是："山行非前期，弥远不能辍。但欲淹昏旦，遂复经盈缺。扪壁窥龙池，攀枝瞰乳穴。积峡忽复启，平涂俄已闭。峦陇有合沓，往来无踪辙。昼夜蔽日月，冬夏共霜雪。"诗中几乎只有徒具形貌之物，以至被人称作"了无生气"之景。《文心雕龙·情采》所谓"远弃风雅，近师辞赋，故体情之制日疏，逐文之篇愈盛。故有志深轩冕而泛咏皋壤，心缠机务而虚述人外"，就正好道出谢灵运山水诗不露主体情意，摹写客体形象，再加点空谈玄理的特点，并指出这种形似之言是师从相如大赋所致。

宫体诗是始于梁简文帝为太子时宫中那些赏玩女人的诗。虽然人们大多望"宫体"生意，以为是艳情诗，以至有人举艳情诗为例论宫体诗，但实际上宫体诗也是相如大赋影响下的形似之言。即使作者内心多么淫邪，宫体诗的本质特征是不露主体情意地把女人当作什物描摹形貌、服饰，不是艳情诗，是当时咏物诗、山水诗一样的形似之言。套一句刘勰的话说，宫体诗是"心纵淫邪而泛咏美人"。我们不举别人的情诗，就举梁简文帝最"艳冶"的宫体诗看看。其《咏内人昼眠》是："北窗聊就枕，南檐日未斜。攀钩落绮障，插捴举琵琶。梦笑开娇靥，眠鬓压落花。篸文生玉腕，香汗浸红纱。夫婿恒相伴，莫误是倡家。"其《美人晨妆》是："北窗向朝镜，锦帐复斜萦。娇羞不肯出，犹言妆未成。散黛随眉广，燕脂逐脸生。试将持出众，定得可怜名。"这些诗远不如吴地民歌《子夜四时歌》（如《秋歌》之一：开窗秋月光，灭烛解罗裳。双笑帷幌里，举体兰蕙香。）艳冶。诗中无所谓"爱"或"淫"，只是把美人当山水、什物赏玩而已，所以成了摹写形貌、服饰的形似之言，并无主体情意，也就没有淫邪艳情。闻一多《宫体诗的自赎》说卢照邻、骆宾王的情诗"是宫体的一个剧变"，撑持这剧变的力量"其实就是感情，有真感情"。这话说对了，有了感情，就不再是徒具形貌、服饰的玩偶了，这就是剧变。闻先生的话正好证明宫体诗是无感情的，像有人说相如大赋是"无情之词"一样。所以闻先生把宫体诗说成艳情诗，把卢骆的情诗也称为宫体诗，就欠妥了。宫体诗都被影响成摹写形貌、服饰的形似之言，足见相如大赋对南朝诗影响之巨大。

　　南朝山水诗、宫体诗、咏物诗等都主要是形似之言，所以陈子昂说南朝诗"兴寄都绝"，就说诗中只有客体形象，没有主体情意，当然更没有儒家诗教的"美刺"内容了。这正标志着客体形象又在诗中争得了表现主角的地位，这就是最了不起的成果。

　　相如大赋辞丽的语言特色也影响魏晋到南朝约七百年，而促使中国文学语言艺术成熟。曹丕《典论·论文》主张"诗赋欲丽"，陆机《文赋》主张"其遣言也贵妍""既音声之迭代，若五色之相宣（明）"，沈约提出"四声八病"之说，"欲使宫商相变，低昂互节"，认为"妙达此旨始可言文"(《谢灵运传论》),陆厥《与沈约书》主张"一简之内,音韵尽殊;两句之中,轻重悉异",都是受相如大赋"辞丽"启迪产生的追求语言美的文学理论。萧绎《金楼子·立言篇下》说:"至如文者,惟须绮縠纷披,宫徵靡曼,唇吻遒会,情灵摇荡",更与《西京杂记》中相如答盛览问作赋所言一致。我国诗歌自建安以来渐重词藻,"俪采百字之偶,争价一句之奇"(《文心雕龙·明诗》),"爰逮晋氏,见称潘陆,并精黼藻相辉,宫商间起"(《隋书》卷三十五),齐梁骈文"玄黄错采,丹青昭烂,可谓美矣,而不能有古人之意"(吴鼒《骈体文钞序》),锤炼字句和注重声律成为魏晋南朝文学语言艺术追求的两大目标,并由此产生了骈文和诗律。这些都是相如大赋"辞丽"的影响所致。

不仅上述文坛理论和实践有力证明了相如大赋对魏晋南朝文坛影响巨大,下面的一些史实也足以说明这一点。张溥《司马文园集·题辞》说:"梁昭明太子《文选》登文极严,独于司马相如取三赋四文,其生平壮篇略具。殆心笃好之,沉湎终日不能舍也。"这和梁朝初年设置相如县,也都是司马相如对梁代文坛影响巨大的旁证。这影响当然主要是来自相如大赋。

总之,司马相如大赋愉悦的价值取向、摹写物形的内容、追求辞丽的语言,影响到了魏晋南朝约七百年,直到梁朝,其影响犹强劲。因其愉悦价值被指为无用,因其摹写物形被指为形似之言,因其追求辞丽被指为浮靡之辞,故受其影响的约七百年诗文被称为"八代之衰"。

这约七百年的创作实践和理论探索,是表现主体情意的衰,更是美刺功利的衰,但同时是追求文学艺术性的兴,是表现客体形象的兴,是追求语言艺术性的兴。历约七百年才终于使"文学是语言的艺术"得以体现,才终于使客体形象由在赋中到在诗中成为文学表现的主角,才终于使文学语言成为艺术。正是因为相如大赋的形似之言,才开启了魏晋南朝诗的形似之言,才使客体形象成为了文学表现的主角,才争得了与主体情意同等地位,才进而形成以情(主体情意)景(客体形象)交融的意境为最高艺术境界的成熟的中国文学的内容特色。正是因为由相如大赋的辞丽,才开启了魏晋南朝的讲究声律和锤炼字句的风气,才进而形成以和谐(讲究声律)精准(锤炼字句)为语言目标的成熟的中国文学的语言风尚。相如大赋由愉悦价值取向而巧构形似之言(追求内容的形象性),扬厉博奇之辞(追求语言的艺术性);从形似之言到情景交融,是追求内容形象性的演进历程;从博奇之辞到和谐精准,是追求语言艺术性的演进历程,由此使文学成为形象反映生活的语言艺术。这就是相如大赋影响约七百年促成中国文学发生质变走向成熟的梗概。所以说,司马相如创立大赋,使之成为了开启历时约七百年的中国文学巨变、进而促成中国文学达到成熟的第一人。这是司马相如的不朽贡献和崇高地位。

之所以说司马相如创立大赋开启的文学巨变促成了中国文学的成熟,是因为中国文学成熟于对早期文学和新变文学的中和。这是从陶渊明诗文到唐人诗文完成的又一次文学巨变。陶渊明置身世外,又地位卑微,因此受当时文学潮流影响远比时尚中人小,而他以为"导达意气,其惟文乎"(《感士不遇赋》),就独自"常著文章自娱,颇示己志"(《五柳先生传》),就独自写他的田园生活所见所感,写田园生活来

第四章 文学宗师

"导达意气"。这样就自然把田园景物和主体情意融为一体，达到了情景交融的艺术境界。"采菊东篱下，悠然见南山。山色日夕佳，暮禽相与还"（《饮酒》），这里不仅有篱菊、南山、暮色、归鸟等客体形象，为主的还是睹物深思的人悠然思归的主体情意。"云无心以出岫，鸟倦飞而知还……木欣欣以向荣，泉涓涓而始流"（《归去来兮辞》)），也不仅是客体形象，更是厌倦官场、欣喜归田的人和情。这无心云、倦飞鸟，既是物更是人，既是客体形象更是主体情思；这欣荣树木和欢快泉声中还有诗人归田时的欢欣和欢呼。田园与山水，本属同类，而谢之山水诗与陶之田园诗又大致同时，却大相径庭，就在于形似之言与情景交融之别。这是从创作实践来说明情景交融是形似之言与主体情意的中和。从文学理论看，《文心雕龙》以早期文学和新变文学相中和为核心主张。"望今制奇，参古定法"的通变观是《文心雕龙》全书的主旨（参见拙作《论〈文心雕龙〉的通变观》，《四川师范学院学报》1990年第5期）。《原道》《宗经》《征圣》的核心是《宗经》，因为道所垂之文是经，圣明道之文也是经，宗经就能原道、征圣。《文心雕龙》全书就是在这前提下"通变"：把政教工具性和愉悦艺术性结合起来，把早期文学表现主体情意和新变文学摹写客体形象中和起来，从而成为成熟的中国文学的理论体系。通变就是融通儒家诗教和文学新变而嬗变。这里不必系统论述其通变理论，只是看一下其中对赋、情景、语言和文学的艺术性的论述就明白了。《诠赋》主张赋"铺采摛文，体物写志"，就是在肯定文学是语言艺术的前提下，把表现客体形象（体物）和表现主体情意（写志）结合起来、中和起来。关于情与景，《神思》主张

"登山则情满于山,观海则意溢于海",作文则"窥意象而运斤",就是主张文学创造情景交融的意境。关于文学语言,《声律》说"言语者,文章关键,神明枢机",须"声转于吻,玲玲如振玉;辞靡于耳,累累如贯珠",主张声律和谐,《熔裁》说"句有可削,足见其疏;字不得减,乃知其密",主张炼字炼句,这是"望今制奇"主张语言和谐(讲究声律)精准(锤炼字句);《情采》主张情为经,辞为纬,"质待文,文附质""文质相称",又是"参古定法"主张语言平实(锤炼而无雕琢痕迹,准确而不堆砌)。这是在肯定"文学是语言艺术"的前提下,把早期文学的"辞达"和新变文学的"辞丽"中和起来。关于文学的艺术性,《总术》提出"文场笔苑,有术有门",要"执术驭篇",并以《神思》《情采》《熔裁》《夸饰》《声律》《章句》《丽辞》《炼字》等篇论述了从构思到语言的许多文学的艺术问题。这些都是"望今制奇,参古定法"的通变的主张。通变观表明《文心雕龙》对"文学是语言艺术"的重视,表明《文心雕龙》是中和早期文学和新变文学而走向成熟文学的理论。在陶渊明诗文和《文心雕龙》理论的基础上,从陈子昂的反"彩丽竞繁(反'辞丽')而兴寄都绝(反'形似之言')"(《与东方左史虬修竹篇序》)到李白主张"文质相炳焕"(《古风》),中国文学就完全成熟了。王孟李杜诗、柳宗元山水记,都是内容情景交融、语言和谐精准的成熟文学的代表,就不需多说了。

回顾概述一下中国文学内容由起始于诉达主体情意发展到成熟于追求情(主体情意)景(客体形象)交融、语言由质朴发展到艺术的进程:先秦风骚散文到汉乐府、汉儒说"诗",代表早期文学,以言志的实用性、美刺的功利性为价值取向，以表现主体情意为内容主体，以"辞达"为语言目标；司马相如大赋、魏晋南朝诗、《典论·论文》《文赋》，代表新变文学，以愉悦性为价值取向，以摹写客体形象为内容主体，以"辞丽"为语言追求，有唯美（纯艺术）倾向；陶渊明诗文、《文心雕龙》、盛唐诗、柳中元山水记，代表成熟文学，以反映生活和思想的实用性为价值取向，以情景交融的意境为内容主体，以和谐（讲究声律）精准（锤炼字句）为语言目标。这是中国文学发展成熟进程中的三个阶段。虽然至今所有中国文学史都没有明确这样的发展进程及其阶段，但自唐以来历代都有人窥见并指出。

李白《古风》说"扬马激（掀起）颓波，开流荡无垠"，相如大赋开启的文风"荡无垠"，诗句不可能说具体准确，但影响久远是明确的。曾和李白同舟游洞庭的贾至在《工部侍郎李公集序》中说："扬马诡丽，班张崔蔡，曹王潘陆，扬波扇飚，宋齐梁隋，荡而不返。"这就明确说相如大赋影响到隋代了。唐人柳冕《谢杜相公论房杜二相书》说："至于西汉扬马以降……风雅之文变为形似（之言）……礼义之情变为物色（客体形象），诗之六义尽矣……魏晋江左，随波而不反矣。"这就明确说相如大赋去政教内容成形似之言影响到南朝而不反了。宋人刘炎《迩书》卷十说："《子虚》《上林》，风劝以私；晋宋（南朝宋）以来，嘲吟风月，摹写草木而已。"这也是说相如大赋摹写客体形象，影响到南朝诗也摹写客体形象。元人祝尧《古赋辨体》卷四说大赋"风比兴雅颂""变尽矣"，"至于三国六朝以降，辞益侈靡，六义变尽而情失，六义泯尽而理失"。这也是说直到六朝以下，诗文都像相如大赋六义变尽泯尽，失去了表现主体情意的内容，失去了儒家诗教经世化民的说教。元人吴海《闻过斋集·觉是先生文集叙》说："古者文以载道，非苟为空言，亦非笃意于求工也。汉氏以来而始涉于技矣，由司马相如以滥靡之辞饰夸谀之智，举世慕之相承，至于魏晋六代……不胜其弊……至唐柳子，然后能反于古。"这更明确说相如大赋的唯美（纯艺术）性从魏晋影响到隋代初唐。明代方孝孺《逊志斋集》卷十说："自斯（大赋）以后，学者转相袭仿，不特（只）辞赋为然，而于文皆然。迨夫晋宋以后……人皆以为六朝之过，而安知实相如之徒首其祸哉？"这也是说魏晋南朝时期文风之变，不是六朝的过错，而是司马相如大赋开启的文变影响所致。明代胡直《衡庐精舍藏稿》卷八说："自汉司马相如工富丽……延及魏晋六朝，凡数百年。"明确说相如大赋影响几百年。清代王士禛《古诗选·凡例》说："变梁陈之俳优，陈伯玉之力最大"，称梁陈为"俳优"，也可见南朝诗受被称"俳优"的相如大赋（唯美文学）的影响。历代不断有这么多人都看到了相如大赋开启的新变文风影响至南朝隋代约七百年。这时期的文学是追求艺术性的新变文学。明确了这个时期，上述中国文学发展进程及其三个阶段也就清楚了。

　　相如开启偏重艺术性的新文学，最重要的功绩是，使客体形象从早期文学中的附庸变成了赋中诗中表现的主角。客体形象成为表现的主角，才可能和主体情意抗衡，从而促使中国文学走向情景交融的成熟境界。其次是以辞丽促使中国文学走向以讲究声律、用字精准为艺术追求的成熟境界。留下的遗憾是，不露主体情意，只摹客体形象，成了形似之言。这有背文学反映生活抒写情思的性质，与儒家诗教的美刺功利性对立还是次要的。但是,要使客体形象在产生于直达主体情意的中国文学中争得主角地位谈何容易!所以不露主体情意,竭力描摹客体形象,是使中国文学走向情景交融、达到成熟境界的必经之路。承认这一点,就不得不承认相如开启离情摹形的过正之途,对中国文学发展是多么重大的贡献!

相如大赋做出这等贡献却招来了"无用","背大体而害政教""不本于情""其事不实""假象过大""特靡丽无情之词而已"等责难,几乎遍及价值取向、艺术创造、表现主角、语言风格诸方面。而恰恰是这些促进了中国文学由儒家诗教的因奴成为文学自觉的叛逆;使中国文学内容由直达情意变成情景交融,语言由"辞达"变成艺术。遭责难不仅因为形似之言有违文学反映生活抒写情思的属性,更由于中国文学发展成熟的进程,包含了对文学艺术属性的自觉而成为儒家诗教叛逆,再到向儒家诗教就范而成为儒家诗教顺民(高标顺民实自鸣其意者如韩愈)的因素。明白了这一点,就可以说明中国文学史上两个看似矛盾而实极自然的现象。

肯定汉大赋重要,而对汉大赋作品评价低。这是因为从上述中国文学发展进程看,汉大赋是促使中国文学发展成熟的文学新变的序幕,没有汉大赋就没有约七百年的文学巨变,就没有成熟的中国文学。这是多么重要!而成熟的中国文学,以反映生活抒写情思为价值取向,仍是实用的;以情景交融的意境为内容,情与景仍有主宾关系;语言和谐精准,是以精准表现内容为度的,不主张侈靡。成熟文学的这些特性都与大赋有一定距离,大赋摹写客体形象而致堆砌事物,追求语言奇丽而致堆砌辞藻,也确有矫枉过正之嫌。更重要的是，中国文学受儒家诗教影响深远，文学评论总坚持儒家诗教的尺度，纯艺术的大赋与终成顺民的成熟文学格格不入。而评价大赋作品时，就必然落实到这些具体问题，所以评价就不高了。如果说这是汉大赋的失败，那么，我愿对失败的英雄多寄予点同情。

谢灵运和陶渊明大致同时，山水诗和田园诗大致同类，谢诗在当时名声极盛，而自唐往后名声低于陶诗；陶诗在当时无甚名声，而自唐往后名声远高于谢诗。因为他们同处于形似之言盛行的时代，谢灵运山水诗正代表着这时代文学潮流，当然名噪一时，自唐往后追求情景交融，谢诗的形似之言，就不受青睐了；陶渊明是世外人，受当时文学潮流影响就小，他独自以文章"导达意气"来"自娱"，就独自在那儿写自己田园生活中的事物和感受，由此达到了情景交融。这不合当时文学潮流，却刚好符合成熟的中国文学的目标。所以，陶诗在当时无甚名声，而自唐往后名声日高，以至远超谢诗。

司马相如是影响中国文学多么巨大而深远的文变之祖！

第五章　政治英才

　　一个人能否展示出政治才能，与这个人有没有政治才能是两回事。因为展示政治才能需要施展的舞台。而社会总是只给少数人提供施展的舞台。所以古今众多怀才者都只好以"世路平途少，人才屈者多"自慰。但是，人们往往以展示出的才能大小甚至以获得的官位高低认定一个人的政治才能。唐人薛登《论选举疏》说："及相如至，终于文园令。不以公卿之位处之者，盖非其所任故也。"宋人罗壁《罗氏识遗》卷十说："汉武初读相如赋，恨不同时；及用之，终文园令，知其才不堪也。"明代方弘静《千一录客谈》卷十一说："司马相如之赋，汉武恨不与之同时；及狗监荐之，则不用也……其才不足以经世也。"这些议论就是以官位高低论定政治才能高低，甚不可取。用否在人不在己，更不在己之政治才能大小。明代王世贞《书司马相如传后》说："彼其才已试于西南夷，武帝固心器之矣。"虽然"心器之"但仍不重用之，能说相如才不堪用、才不足以经世吗？明代戴君恩《媵言》卷十五说："司马相如当不独词人之雄也。当时略定西夷，使邛、筰、冉、駹之属皆为内附，沫、若、牂牁之地悉归板图，斯亦靺鞈跰跰之辈所不能数数得之者矣。"清代薛始亨《蒯缑馆十一草》说："吾尝读其书如《谕蜀檄》与夫《难蜀父老》之辞，未尝不叹为议论有余，通达治体。使益抒其蕴以谟谋廊庙，虽未能历抵卿相以佐一时之英略，未必卑于严助、主父之流。"这些议论就不是凭官职大小论人才能，是颇有见地的。但相如一生的政治活动只限于通西南夷一事，施展机会有限。仅从其施政实践很难说清其政治才能。《史记·项羽本纪》说，项梁在主办大徭役和丧事中，"阴以兵法部勒宾客及子弟"。在办事中调度人可以历练军事才能，从论事中分析事也可以看出政治才能。所以，除了处事，还可以从相如论事中分析事看出相如的政治才能。本章就从这个思路论述司马相如的政治才能。

第一节 开拓性远见才能

开拓性远见才能是一个政治家最重要的才能。没有这方面的才能，就不可能立功业传名声，终身在官场也只能碌碌一生。司马相如主张为"非常之人"，做"非常之事"，立"非常之功"。这就表明相如不仅有超乎寻常的开拓精神，而且有独具只眼的远见才能。

唐蒙通南夷道，征发巴蜀吏卒，实行军事化管理，弄得民怨沸腾，"上闻之，乃使相如责唐蒙，因喻告巴蜀民以非上意"（《史记·司马相如列传》）。如果相如作《谕巴蜀檄》就按武帝这一旨意，一味或重点指责唐蒙，说唐蒙违背武帝旨意，自行扰民；那么，檄文一经宣扬，再各地张贴，唐蒙通南夷道的事就无法继续进行下去了，就会把局面弄得不可收拾。这时的司马相如必须明白通南夷道务必继续进行下去，自己所肩负的使命，不仅仅是平民怨，而更重要的是为通南夷道铺平道路。这就是相如当时必须具备的远见。没有这点儿远见就只会把事情弄坏。司马相如在作《谕巴蜀檄》告喻巴蜀民众前就有这远见,所以他在谀帝、责使、罪民三者中,立足谀帝,轻责唐蒙及有司,重点罪民。他以"陛下患使者有司之若彼,悼不肖愚民之如此",转移话题谀帝;以"发军兴制""郡又擅为转粟运输",轻责使者有司,虚晃一枪;就把重点放在罪民上,即把折服百姓作为主旨。如果能把百姓折服,这通南夷道之事就能顺利进行下去。既不辜负帝意,又不为难唐蒙,也能暂时缓解民怨,为继续通南夷道铺平道路。这就是相如凭开拓性远见选择的上策。相如既责应征者,更责其父兄,把所有百姓都归罪了。这样唐蒙就可以继续名正言顺地征发吏卒修路。果然,春夏之交告谕,这年夏天又征发巴蜀民众修路(《汉书·武帝纪》)。这就是司马相如处理这事时有开拓性远见,才得以既暂时缓解民怨,又不妨碍通南夷道的大业继续进行。因此得到了武帝赏识,进而向他询问是否通西夷,相如由此获得施展其政治才能的更好的机会。

是否通西夷,即该不该通西夷,有没有必要通西夷?这更需要有开拓性远见才能正确作出决策性建言。

司马相如始终主张通西南夷。冯有翼《秦汉文钞》说《难蜀父老》"非所以正其(武帝的)失也",就没有明白司马相如始终主张通西南夷,他怎么会认为是"失"而"正其失"呢?苏轼说是"逢君之恶","恶"说错了,但"逢"说对了。相如始终主张通西南夷,他当然要迎合武帝通西南夷的意图,这里的"逢",不仅是侍从对主子的必然,而且是政治见解相同的必然。对于通南夷,无论拓疆还是治道,相如都是支持的。前述相如受命告谕巴蜀时,立足为继续进行通南夷道铺平道路,就足见相如支持通南夷道。当武帝向相如咨询是否通西夷时,相如曰:"邛、筰、冉、駹者近蜀,道亦易通,秦时尝通为郡县,至汉兴而罢。今诚复通,为置郡县,愈于南夷。"(《史记·司马相如列传》)这表明相如对在南夷和西夷拓疆,也都是支持的。在西夷通道上,相如以为"道亦易通",因此在蜀招抚西夷时作出了相应的规划。所以在西南夷拓疆、通道,都是司马相如所主张的,不仅仅是逢迎帝意;更不会阻谏武帝通西南夷,而是竭力鼓动武帝通西南夷。这主张孕育自相如的开拓性远见。

  对于通西南夷,司马相如的"劝",与公孙弘等人的"谏",哪是远见,哪是短见?现在来看,已用不着说理论述了,因为历史进程早已验证过了。《史记·大宛列传》载张骞曰:"臣在大夏时,见邛竹杖、蜀布,问:'安得此?'夏国人曰:'吾贾人往市之身毒。身毒在大夏东南可数千里。其俗土著,大与大夏同,而卑湿暑热云。其人民乘象以战。其国临大水焉。'以骞度之,大夏去汉万二千里,居汉西南。今身毒国又居大夏东南数千里,有蜀物,此其去国不远矣。今使大夏从羌中,险,羌人恶之;少北,则为匈奴所得;从蜀宜径(直),又无寇。""及张骞言可以通大夏,乃复事西南夷。"这曾被公孙弘"谏"罢了的通西南夷,又重新进行了。这就充分而有力地证明当年主张通西南夷是很有远见的。《史记·西南夷列传》也说:"及元狩元年(公元前122),博望侯张骞使大夏来,言居大夏时见蜀布、邛竹杖,使问所从来,曰'从东南身毒,可数千里,得蜀贾人市'。或闻邛西可二千里有身毒国。骞因盛言大夏在汉西南,慕中国,患匈(奴)隔其道,诚通'蜀·身毒国道',便近,有利无害。于是天子乃令王然于、柏始昌、吕越人等,使间出西夷西,指求身毒国(今印度),至滇……岁余,皆闭昆明,莫能通身毒国。"司马相如招抚西夷的第八年,又派相如当年通西夷的两个副手王然于、吕越人另加柏始昌去继续通西夷到达了昆明,想由昆明打通到印度的国际大通道,只因昆明王阻扰,才未能于此时打通到印度的大通道。又等到"元封二年(公元前109),天子发巴蜀兵击灭劳浸、靡莫,以兵临滇,滇王始首善"(《史记·西南夷列传》)。此后才逐渐打通"蜀·身毒道"这条国际大通道。从这历史进程可以明确,通西南夷不仅是统一西南各部族领地,开发祖国大西南的伟大事业,而且是开辟国际大通道——南方丝绸之路的伟大创举。至此,我们再回过头来看,通西南夷无用和通西南夷有用两种尖锐对立的见解,孰是孰非,不是洞若观火了吗!司马相如以开拓性政治远见主张通西南夷,不仅使他成了开发祖国大西南的功臣,而且使他成了开辟南丝绸之路这条国际大通道的先驱和功臣。

说到这里,我们还不得不说说相如招抚西夷后在成都规划的西夷道。第二章第四节已说过《史记·司马相如列传》中"通零关道、桥孙水以通邛都(今西昌)",虽写在相如"还报天子"前,却并非已修通,而只是规划了。相如规划这西夷道,并不只着眼于先前考虑的打通从蜀向南越的东南通道,而是又直通邛都(今西昌)的西南通道。这也是很有开拓性远见的。直通今西昌,就不仅能为进一步向昆明方向开发西夷创造条件,而且客观上为开辟"蜀·身毒道"创造了条件。这又是司马相如具有开拓性远见才能的重大举措和有力证据。

司马相如通西夷出发前的深谋远虑，充分体现出司马相如的远见才能。《史记·司马相如列传》说："相如使时，蜀长老多言通西南夷不为用，唯大臣亦以为然，相如欲谏，业已建之，不敢，乃著书，籍以蜀父老为辞，而己诘难之，以风天子，且因宣其使指（自己出使的目标，亦即'天子之意'），令百姓知天子之意。"这几句话历来被猜谜一样纷纭解说，大多以为是委宛谏阻武帝通西南夷。但与司马相如实际所做和《难蜀父老》实际所说，相去太远，今人多不以为然。于是有人用心良苦地另辟蹊径说："本文写在相如使命已经完成之后，与使命本身并无直接关系"，"再阐述'天子之急务'似乎并非必要，则本传所言'相如欲谏，业已建之，不敢，乃著书，籍以蜀父老为辞，而己诘难之，以风天子'，才是本文写作的根本动机。欲谏何事？即蜀父老之辞中'百姓力屈'的这部分含义。通西南夷固然是不可停止的'急务'，但完全可以采取措施让巴蜀不至'百姓力屈'，这个就应当是'以风天子'的未曾明言的实际目的，也是司马相如既建通西夷之策，又明白巴蜀'万民不赡'的困境之后应有之举"。（《司马相如研究》365、357页）这探索确实很费苦心，但与《司马相如列传》和《难蜀父老》文意多不符。所以还不得不再斟酌。《列传》中"相如欲谏"是针对"大臣"也认为通西南夷无用说的，显然是想谏阻武帝采纳大臣的无用论，不是谏阻通西南夷，也不是谏阻使百姓力屈。这是必须指出的。不明白谏什么，就无从谈下去了。上引传文的意思是，相如已经向武帝建议通西夷了，现在又直接谏阻武帝采纳大臣的无用论，既容易引起武帝误会相如为维护己见排斥不同政见,又可能引起大臣更厉害地谏阻通西南夷。所以说"业已建之,不敢"。既不敢直言谏阻,就改用"风"——委婉谏阻。即"籍蜀父老为辞,而己诘难之",借诘难蜀人谏阻武帝听信无用论。于是就把写作时间、地点由"相如使时"(《史记·司马相如列传》)、长安,假托为"东向将报"时、成都,把大臣的无用论转化成蜀父老的话("弊所恃以事无用"就是大臣所谓"无用、损民"),自己再加以批驳,难蜀父老就是驳大臣。用这种方式来委婉谏阻武帝采纳大臣的无用论。"以风"表达的正是"欲谏"的内容,都是阻止武帝采纳无用论,也都是劝(鼓动)武帝坚持先前的主张,所以,既是"谏""风"天子,又是"宣其使指",又是"令百姓知天子之意",三者合一。"其使指"和"天子之意"都是通西南夷,"谏""风"天子就是谏阻武帝采纳"通西南夷无用"。这样看来,这几句话并不是迷语,文意是明确无疑的。只是后来有的人主观认定通西南夷是武帝之非,就非谏阻通西南夷不可,以至弄得这里的"谏""风"内容被扭曲成了谏阻武帝通西南夷,由此引起纷争。相对于通西南夷来说,这里的"谏""风",恰好是"劝"。"谏""风"采纳无用论,正是鼓动(劝)通西南夷,是司马相如通西夷出发前为使武帝坚定通西南夷的决心采取的重要举措。由此体现出司马相如深谋远见的政治才能。

  相如只是个言语侍从之臣,因一时被咨询而政见与帝意相同才被委以重任。人微言轻,又临时受命,就和大臣履行权限内职责不同,就更可能随时被轻易动摇。更让人担心的是,事未起步,已有大臣谏阻通西南夷了。相如此生第一次受权立功,面临的局势是很可能因武帝被谏阻改变主意而大业半途而废或功亏一篑。无远见者可能不觉,有远见就会不寒而栗,绝非"与使命本身并无直接关系"。所以相如此时必须淋漓尽致地把损民无用的言论驳得体无完肤,从而坚定武帝通西南夷的决心,使之丝毫不被损民无用论动摇,才能放心去完成通西夷的使命。但直接谏阻、公开论争既易引起武帝认为相如固执己见攻击异己的误会,又易招致大臣更加尽力谏阻通西南夷,也就可能因武帝改变主意而通西夷的大业半途而废或功亏一篑。所以以委宛讽谏方式作《难蜀父老》,体现出相如招抚西夷出发前的重要远见。

要坚定汉武帝通西南夷的决心,就必须批驳大臣所持损民、无用的观点。"籍以蜀父老为辞",借责难父老说话实为批驳大臣,所以文中所引蜀父老的话就是公孙弘等大臣的话。文中所述蜀父老的话,核心句是"弊所恃以事无用",这就是大臣所谓损民、无用。《司马相如研究》所说"欲谏何事,即蜀父老之辞中'百姓力屈'这部分含义"。但"百姓力屈"和"士卒劳倦,万民不赡",都只不过是"弊所恃"的论据而已,不是论点。批驳的论点——"弊所恃以事无用",意思是损害可依仗的国民去办无用的事,重点是无用,其次是损民。因为损民而有用犹可说也,损民而无用就不可为了。这就是蜀父老所有话归根到底的核心意思。这核心意思恰好就是《史记·平津侯主父偃列传》中公孙弘"以为罢(疲)敝(弊)中国以奉无用之地"的意思。显然,蜀父老的话就是公孙弘等大臣的话,责难蜀父老就是批驳公孙弘等大臣,就是劝阻武帝采纳大臣的无用论,就是鼓动武帝坚定通西南夷的决心。

为责难蜀父老(批驳大臣的无用论),首先肯定通西南夷是巴蜀变服化俗那样的历史进步事业:"必若所云,则是蜀不变服而巴不化俗也。"这是总体否定"无用"。紧接着说,为非常之人做非常之事立非常之功的杰出帝王,如大禹不仅劳民而且劳己,所以能"休烈显于无穷,声称浃乎于兹"。这是主张即使劳民,也要做非常之事,立非常之功,是批驳损民、无用。接着专门针对即位不久的帝武说,刚登位的贤君,"必将崇论闳议,创业垂统,为万世规"。这是说武帝必须采纳远见卓识的言论,创业垂统,就是说武帝应该采纳通西南夷的主张,通西南夷就是创业垂统、为万世规的伟大事业。这是劝阻武帝采纳无用论,批驳通西南夷无用。再接着说,帝王应该施德泽于六合之内八方之外的每一个人,而现在"夷狄殊俗之国,辽接异党之地,舟舆不通,人迹罕至,政教未加,流风犹微"。这是说正需要通西南夷去施德泽于六合八方,是利民的、是有用的。这是批驳损民、无用。再接着说,通西南夷是平息当地内乱,拯救"枯旱望雨"般的当地民众,当然是利民,是有用。这是批驳损民、无用。再接着说,通西南夷是"创道德之途,垂仁义之统……以偃甲兵于此,而息诛伐于彼,遐迩一体,中外禔福,不亦康乎?"这是说通西南夷是平息华、夷战乱,统一祖国,和睦民族,使中外更加安乐,当然是利民,是有用。这是批驳损民、无用。最后归结说,通西南夷是"拯民于沉溺,奉至尊之休德,反衰世之陵迟,继周氏之绝业,斯乃天子之急务也。百姓虽劳,又恶可以已哉?"这是说通西南夷是利民、有用的伟大事业,虽然百姓劳苦,又怎么能中止呢?这不仅批驳了损民、无用论,而且强调,即使劳民也必须坚定不移地坚持通西南夷这"天子之急务"!这显然是鼓动武帝坚定通西南夷的决心。怎么是"谏""风"武帝通西南夷呢？怎么是"谏""风"武帝使百姓力屈呢？作了上述充分而强有力的驳论，相如还意犹未尽，进而指出，帝王大业都是始于忧勤而终于佚乐的，而且通西南夷眼看就要获得与三皇五帝等同的殊世之功了，而无用论者还视而不见，还在死盯着忧勤，是很可悲的。这是再进一步批驳损民、无用，以胜利在望鼓励武帝坚定通西南夷的决心。

更奇特的是，《难蜀父老》中诘难蜀父老的话，除开头短短三言两语外，主要的内容，即从"盖世必有非常之人"到诘难结束的"悲夫"，全是对武帝说的。他不仅说杰出帝王应该为非常之人，做非常之事，立非常之功；还特别说刚践位的贤君（特指登位未久的武帝）应该不被陈规俗说牵制，不迎合世人，而采纳远见卓识的议论（指相如自己的建议），创业垂统；又具体分析武帝面临着急需施德泽于夷地、夷民渴望得拯救、急需使中外更安乐的形势，和"百姓虽劳，又恶可以已哉"的"天子当之急务"；并指出帝王的事业本来没有不从忧患开始而到安乐结束的，现在正将获得与三皇五帝等同有加的功效，旁观者看不到是很可悲的。这些是责难蜀父老，还是鼓动汉武帝呢？毫无疑问，这是出奇制胜地鼓动武帝坚定通西南夷的决心的心血凝成的杰作。所以，全文高瞻远瞩，说服力强，是通西南夷的唇枪舌剑。

综上可见，《难蜀父老》是针锋相对批驳大臣通西南夷"损民""无用"的论调，充分而有力地阐明司马相如通西南夷利民、有用的主张，以此坚定汉武帝通西南夷的决心和信心，从而避免武帝短期内改变主意，以致自己通西夷之事半途而废或功亏一篑。通西夷出发前写此文达此意，是司马相如出使前的远见深谋，足见司马相如深谋远虑的卓越政治才能。

再回头来看，在通西南夷问题上，利民、有用和损民、无用这两种对立的见解，相形之下，前者显然是政治家的卓灼远见，后者显然是书生气的委琐短见。所以说司马相如具有开拓性远见才能。

第二节　科学性决策才能

科学性决策才能是决定处事成功率的重要才能。司马相如虽然施政机会极少，然而所施为都很成功，就在于他的科学性决策才能高强。

告喻巴蜀是件棘手的事：征发巴蜀民众修筑南夷道路，明明是皇帝的旨意，现在奉旨得说"非上意"。这明明是既要说假话，又要确保通南夷道的帝意不受损害；奉旨斥责唐蒙，但还得让唐蒙继续征发吏卒修筑南夷道，这都是二难处境。对这样棘手的问题怎么解决？司马相如的决策是科学的。他决定转移话题谀帝，虚晃一枪责使，而把重点放在罪民上。他著檄文不说有关通南夷道的帝意，而说"陛下患使者有司之若彼，悼不肖愚民之如此"，是转移话题谀帝；他只说唐蒙"发军兴制"因而"警惧子弟，忧患长老""非陛下之意也"，而没说不该征发民众，就是虚晃一枪地责一下使臣唐蒙，为继续征发民众治道留下了余地；全文的主要内容都在罪民：既罪"行者"（应征的人）又罪其父兄，就把所有民众都归罪了。这就不仅既谀帝又护使（唐蒙），而更重要的是为继续征发民众通南夷道排除阻碍。相如在处理谀帝、责使、罪民三者关系上的决策多么科学，多么成功。

全文重点放在罪民，但民怨已经沸腾才奉命告谕的，再加罪责，容易激化矛盾，这又需要科学决策。为此，相如既要重在罪民，又不能一味罪之，于是先开导后归罪。先用朝廷对外征讨的声威来扬威以震慑民众，再用虽被征发而无忧患来示安以抚慰民众，再用北方边民急国难尽臣道的榜样来示范以规范民众，又用急国难能当官传名来示利以诱导民众，然后才以逃亡、自杀和父兄失教来寻过以斥责民众。这就变直接斥责为多方开导，又归结到罪在民众。归根到底，还是民众的罪过。这就由策略性罪民为继续征发民众通南夷道铺平了道路。相如在罪民的策略上也决策科学。告谕巴蜀一事中的决策证明了相如的科学性决策才能。

唐蒙招抚南夷后，因通南夷道已经弄得民怨沸腾，面临这种局势，还应不应该通西夷？这又需要科学决策。而司马相如"亦言西夷邛、筰可置郡"（《史记·西南夷列传》）。相如的主张是否科学？"相如曰：'邛、筰、冉、駹者近蜀，道亦易通，秦时尝通为郡县，至汉兴而罢。今诚复通，为置郡县，愈于南夷。'"（《史记·司马相如列传》）相如把"通"包含的"拓疆"和"通道"区别得很清楚。针对拓疆而言，西夷比南夷容易：秦时就曾通为郡县，现在是"复通"，当然比毫无基础纯属草创的通南夷容易；而且，已通南夷，西夷"君长闻南夷与汉通得赏赐多，多欲愿为内臣妾，请吏，比南夷"（同上），有这背景，招抚西夷无疑比招抚南夷更容易。这事理分析是科学的。再就治道说，"邛、筰、冉、駹者近蜀，道亦易通"（同上）；而且相如既说到"秦时尝通为郡县"，应该是知道"秦时常頞略通五尺道"（《史记·西南夷列传》)之事的,有秦时五尺道的基础,通西夷道也必然比通南夷道更容易。这事理分析是科学的。所以相如主张通西夷的建言,是建立在科学分析基础上的有据有理的科学性决策建言。这决策建言也体现出相如科学性决策的才能。

司马相如奉使通西夷,怎么做才能出色完成使命?这也需要科学决策。相如"因巴蜀吏币物以赂西夷"就是科学性施政决策。因为这次相如通西夷,是在西夷"君长闻南夷与汉通得赏赐多,多欲愿为内臣妾,请吏,比南夷"的背景下进行的,所以收买正是投其所好的最好方式。果然,一实施收买,就"邛、筰、冉、駹、斯榆之君皆请为内臣","司马长卿便略定西夷",就迅速而轻松地以和平友好方式,让西夷众多部族自愿投入祖国怀抱,使西夷广大地域轻易成为祖国疆土。这事半功倍的效果验证了其决策的科学性。如何通西夷的决策,验证了司马相如的科学性决策才能。

司马相如实际施政的机会极少,参与决策的机会也极少,所以很少显示出其科学决策才能。但仅上述实际施政和决策建言的事实,已足够看出相如科学性决策的才能是很高的。

第三节 权变性协调才能

权变性协调才能,是施展政治才能、建立政治功业的保障性才能,甚至是在官场立住脚的保障性才能。官场复杂而且险恶,不善于权变协调,就容易被排斥被打击,难以立足官场,还何谈施展才能、建功立业。所以权变协调才能是非常重要的政治才能。权变,说好点叫策略;说白了就是奸诈、奸狡。所以有权变性协调才能，才可能在复杂而险恶的官场中平衡各方面关系，做到八面玲珑还显得冠冕堂皇，从而化解各种矛盾，让各色人物服己，为己所用。有人说政治就是阴谋，历史上政治家大多是奸雄，也都说明权变协调才能是重要的政治才能，不知权变即无政治才能，越擅权变越是政治英才。

顾瑞屏说《喻巴蜀檄》"出脱武帝，归咎使者、有司；又不专责之，而咎及百姓；又不直责之，而咎其父兄"（顾锡畴《秦汉鸿文·两汉鸿文》卷六《谕巴蜀檄》末批引），就说明《喻巴蜀檄》体现出司马相如的权变性协调才能。前已论及《喻巴蜀檄》在谀帝，责吏、罪民三者间，立足谀帝，从轻责吏，重点罪民，就是使用权变手腕协调平衡与君、吏、民的关系，使各方都能服己，也就各方都能为我所用，即各方都能认可告谕。前已论及，重在罪民，也狡猾地先以多方开导铺路，还把长期艰苦筑路说成短暂招抚期间"奉币帛、卫使者"的轻易事，而归根到底归罪于所有百姓。这罪民的迂回手腕也是权变性协调手段。善于权变协调，所以《谕巴蜀檄》全文显得纵横辩说，思维严密；策略周详，全面平衡；权变灵活，有礼有节；入情入理，说服力强；达到了暂缓民怨、推进治道的目的和效果。这就是权变性协调才能的成效。

《难蜀父老》不仅假托批驳对象，借难蜀父老批驳大臣；而且假托写作时间、地点，把出发前、长安，说成将还报时、成都；含混表述写作意图，近乎给人设下迷宫。这些权变手段，不仅使当时的当事大臣不觉得是针对自己，甚至使后人不明究里，纷争至今。而历代不少人把相如借难蜀父老批驳持无用论的大臣,说成借蜀父老的话讽谏武帝通西夷,致使诘难蜀父老的内容全成了假话、空话。儒家诗教的讽谏观竟会导致如此荒谬的解读!前已论及,《难蜀父老》是相如通西夷出发前写来鼓动武帝坚定通西夷决心的,是担心武帝被大臣的无用论动摇而使己任难成,是防患于未然的应变高招。相如在文中把"相如使时"在长安上书批驳大臣的无用论,说是"东向将报,至于成都"时难蜀父老。这故意放出的烟幕,和"欲谏,业已建之,不敢,乃著书,籍以蜀父老为辞"是一致的,都是因为当时直接明瞭地谏阻武帝采纳大臣的无用论,既可能给武帝留下自己固执已见、排斥不同意见的印象,更可能惹怒大臣,招来打击。那样,通西夷的事业就可能泡汤。因此假托通西夷之后,在成都难蜀父老,从而把写作时间推后了,地点改变了,更把批驳对象转移了。这样密呈给武帝,远比直接谏阻武帝采纳无用论效果好。远比相如奸诈的武帝对这点权变伎俩当然心知肚明,也会心照不宣,而且看到这样委宛建言,且言合己意,也不会认为相如固执己见排斥别人。武帝当时也不可能将此文示之大臣,将来传出去,也是事后在成都难蜀父老,并非事前针对大臣。这样就不仅当时避开了所有矛盾斗争,以后也不直接得罪大臣。为此,相如特意把写作时间拉后了,写作地点改变了,批驳对象转移了。后人阅读没有注意到这点,所以至今还有人说《难蜀父老》"写在相如使命已经完成之后",仅此也可见相如权变多么高超。前已论及,司马迁录司马相如《自叙》为《史记·司马相如列传》,其中明确写着《难蜀父老》写于"相如使时"。这才是真实的写作时间。因为作《自叙》时应是事过境迁了,可能已是"其进仕宦,未尝肯与公卿国家之事，称病闲居，不慕官爵"的岁月了，官场的矛盾斗争不复在意了，所以写出了真实的写作时间。自己的同一著作，写出两个写作时间，就明显示人以《难蜀父老》文中时间是不得已使用权变手段或者叫奸诈手段所致。这奸诈不是说相如人品不好，因为这是置身官场不得不为之的。指出这点是肯定相如具有立足官场建立功业必不可少的权变协调才能。这是极其重要的政治才能，否则就不能立足官场，更不可能施展政治才能建功立业。这里只是举例证明相如具有这种政治才能，是肯定其才能，绝不是否定其人品。因为这种才能是为政必须的，避免施展这种才能就只有不入宦海，所以不能以施展这种才能论其人品。正如"兵不厌诈"，不诈就只有打败仗，也就没有谁以军事上的"诈"论军事家的人品，而是尽都称赞多诈的军事家足智多谋用事如神。同理，也不能以政治上的权变（奸诈）论政治家的人品。

《难蜀父老》只字不提大臣言论，而蜀父老"弊所恃以事无用"的核心论点，正是公孙弘"以为罢敝中国以奉无用之地"的观点。所以难蜀父老就是批公孙弘等大臣。这明显是施展权变性协调手段平衡与大臣的关系，避免与大臣的直接矛盾斗争。只有具备并发挥权变性协调才能，相如才能顺利完成通西夷的大业。

《难蜀父老》中对蜀父老说的话，除极少几句外，都是对武帝说的，都是鼓励武帝即使劳民、甚至劳己，也必须坚定不移以通西南夷为"恶可以已哉"的"天子之急务"，从而坚定武帝通西南夷的决心。这也是用权变协调手段避开直接谏阻武帝采纳公孙弘等人的无用论，以免武帝疑心相如欲

第五章 政治英才

建功而排斥异己，从而影响相如通西夷的顺利进行。后人阅读时，对这一点没有足够注意，因而对列传中"谏""风"内容误解，以至历代争论，至今不休。《苏轼文集》卷六十五《司马相如创开西南夷路》说相如"创开西南夷，逢君之恶，以患苦其父母之邦"，就至少没有认为《难蜀父老》是"谏""风"武帝通西夷，而认为是主张因而鼓动武帝通西南夷，"以患苦其父母之邦"。而这主张这鼓动，都没有直接向武帝倾述，而以向蜀父老"宣其使指，令百姓知天子之意"的形式表现出来。"其使指"就是通西夷，"天子之意"就是通西南夷。形式上是要让蜀父老知晓，实际上是要让武帝坚定决心。这就是相如施展权变协调才能而达成的形式和效果。

相如这种权变手段不仅使用到政治事务中，也使用到其他方面。比如他在自叙与文君的风流韵事中虚构县令王吉撮合，就使有违儒家礼教的自主恋爱有了一张合乎儒教礼俗的标签。他在《天子游猎赋》（今见《子虚赋》《上林赋》）中平添"曲终奏雅"的"天子芒然而思"一段，就给这唯美（纯艺术）文学贴上了一张符合儒家诗教的标签。这些都是为使自己的行为或赋文不致在儒家思想独尊的现实中碰壁而采用的权变手段。不过，权变手段只适宜用于政治领域，所以用到风流韵事和体物骋辞赋中，就只是招来责难以至诟骂。

相如具备权变性协调才能，就能够适应官场。因此，他"未尝肯与公卿国家之事，称病闲居，不慕官爵"，大概既有武帝"俳优蓄之"，只把他作为言语侍从，他自己也有侍从本色的原因；更有他因自己在景帝时做官不如意，在武帝时

· 123 ·

又牛刀一试就失官而心灰意冷的原因。对官场失望了就明哲保身。相如本有保身这一种政治家才能,他在梁孝王处就不介入政治事务,与邹阳之狱、胜诡之谋都无关联;失官、复官后自然就称病闲居。因此没有像主父偃、吾丘寿王、严助、朱买臣诸人成为"入庙之牺牲"。这也是相如权变才能在官场中的一得。

相如的权变性协调才能,确保了相如的开拓性远见才能和科学性决策才能得以遇机施展,使他由此在通西南夷中建立了伟大功业。

第四节 从政绩意义看政治英才

司马相如的政治才能之所以被忽视,除了他施政机会很少、展示才能少外,重要原因是他通西南夷的政绩及其意义历来被说成是"逢君之恶",没有得到正确认识,因而不能正确认识其政治才能。其实,通西南夷是和睦西南各部族、开发祖国大西南的伟大功业,这无需论述;更是开辟国际大通道——南方丝绸之路的伟大功业。

丝绸之路,其字面意义是国际贸易大通道,其实是包括国际政治、经济、文化诸方面综合效用的国际大通道。北方丝绸之路开辟之初就主要出于政治(包括外交、军事)目的。张骞首次通西域,即开辟北方丝绸之路起始,就出于联络月氏对付匈奴的政治动机。

陆上丝绸之路,初始时期就包括"长安·大宛·大夏道"和"蜀·身毒·大夏道",即北方丝绸之路和南方丝绸之路。《史记·西南夷列传》载:"及元狩元年(公元前

122),博望侯张骞使大夏来,言居大夏时见蜀布、邛竹杖,使问所从来,曰:'从东南身毒国(今印度),可数千里,得蜀人市。'或闻邛西可二千里有身毒国。骞因盛言大夏在汉西南,慕中国,患匈(奴)隔其道。诚通'蜀·身毒道',便近,有利无害。于是天子乃令王然于、柏始昌、吕越人等,使间出西夷西,指身毒国。"《史记·大宛列传》载,张骞曰:"臣在大夏时见邛竹杖、蜀布。问曰:'安得此?'夏国人曰:'吾贾人往市之身毒。身毒在大夏东南可数千里。其俗土著,大与大夏同,而卑湿暑热云。其人民乘象以战。其国临大水焉。'以骞度之,大夏去汉万二千里,居汉西南。今身毒国又居大夏东南数千里,有蜀物,此其去蜀不远矣。今使大夏从羌中,险,羌人恶之;少北则为匈奴所得;从蜀宜径(直),又无寇。""天子既闻大宛及大夏、安息之属皆大国,多奇物,土著,颇与中国同业,而兵弱,贵汉财物;其北有大月氏、康居之属,兵强,可以赂遗设利朝也。且诚得而以义属之,则广地万里,重九译,致殊俗,威德遍于四海。天子欣然以骞言为然,乃令骞因蜀犍为发间使,四道并出:出駹,出冉,出徙,出邛、僰,皆各行一二千里……乃复事西南夷。"《汉书》的《西南夷两粤朝鲜传》和《张骞李广利传》基本相同。由此可见,早在公元前一个多世纪,"蜀·身毒·大夏"这条南方国际贸易大通道就早已在民间存在着,并且已经由官方强力开辟了。这便是南方丝绸之路。它在北方地区因民族争战而往来不便的时期,就早于北方丝绸之路而居先成为了民间性国际贸易通道,且引起官方重视而与北方丝绸之路大致同时着力开辟。虽然"四道并出""皆闭昆明,莫能通身毒国",直到"元封二年(公元前

109），天子发巴蜀兵击灭劳浸、靡莫，以兵临滇，滇王始首善"（《史记》《汉书》的《西南夷传》基本相同），此后才逐渐打通官方的"蜀·身毒道"，但是，南方丝绸之路在民间实际存在却早于北方丝绸之路。

官方开辟北方丝绸之路和南方丝绸之路之始，大致同时，都始于元光年间。

《史记·大宛列传》云：张骞"建元中为郎"，首次通西域"行时百余人，去十三岁，唯二人得还"，还时言"臣在大夏时见邛竹杖、蜀布"。《汉书·张骞李广利传》记述相同，都没有明确去年和归年。《史记·西南夷列传》说，"及元狩元年（公元前122），博望侯张骞使大夏来（归来），言居大夏时见蜀布、邛竹杖"。《汉书·西南夷两粤朝鲜传》基本相同。据此，张骞通西域在元光元年（公元前134）至元狩元年（公元前122）这十三年间，则开辟北方丝绸之路始于元光元年。张骞是开辟北丝绸之路的先驱和功臣。

南方丝绸之路，虽然元狩元年才正式开始作为国际大通道——"蜀·身毒道"来开辟，但是"蜀·身毒道"的"蜀·邛都段"和"蜀·牂柯段"却早已开辟。第二章第四节已说明唐蒙招抚南夷最迟在元光三年（公元前132）。这是开辟南丝绸之路的起始年。司马相如建元年间以赋为郎，元光五年（公元前130）谕抚巴蜀，为通南夷道创造条件，元光六年（公元前129）为中郎将，带着副使王然于、壶充国、吕越人"驰四乘之传，因蜀吏币物以赂西夷……便略定西夷，邛、筰、冉、駹、斯榆之君皆请为内臣……通零关道，桥孙水，以通邛都（今西昌）"（《史记·司马相如列传》），招抚了西夷，规划了修筑直通今西昌的西夷道。司马相如对开辟南方丝绸之路的"蜀·牂柯段"和"蜀·邛都段"都做出了贡献,是开辟南方丝绸之路的先驱之一。

司马相如为通西南夷,即通"蜀·身毒道"的"蜀·牂柯段""蜀·邛都段",为开辟南方丝绸之路立下了卓越功勋。

撰写《谕巴蜀檄》并赴成都抚喻,从而为继续通南夷道创造了条件,是司马相如为开辟南方丝绸之路立下的第一功;向武帝阐明通西夷的主张,促成武帝通西夷的决策,是司马相如为开辟南方丝绸之路立下的第二功;撰写《难蜀父老》风谏武帝别采纳大臣的"无用论",坚定武帝通西南夷的决心,确保通西夷的大业不受干扰以致半途而废或功亏一篑,是司马相如为开辟南方丝绸之路立下的第三功;奉诏亲往成都招抚西夷,以和平友好方式使西夷各部族自愿投入祖国怀抱,并规划了修筑"蜀·邛都道",是司马相如为开辟南方丝绸之路立下的第四功;在通西夷过程中,带出了后来(元狩年间)"间出西夷西,指求身毒国,至滇(昆明)",即开辟"蜀·身蠹道"之"邛都·昆明段"的三个负责人中的两个:王然于、吕越人(参见本章第一节引),为开辟南方丝绸之路历练和准备了人才,是司马相如为开辟南方丝绸之路立下的第五功。

开拓性远见才能、科学性决策才能、权变性协调才能,使司马相如在通西南夷的政治大业中立下了不朽功勋,产生了深远意义,使他不仅成了和睦西南各部族、开发祖国大西南的功臣,而且成了开辟国际大通道——南方丝绸之路的先驱和功臣。